Konstantin Wecker

TOBE, ZÜRNE, MISCH DICH EIN!

Widerreden und Fürsprachen

Herausgegeben von Hans-Dieter Schütt

Eulenspiegel Verlag

Bildrechte:
Thomas Karsten (Umschlag, S. 8, 172, 173, 222-223), Michael Rönisch (S. 35, 76, 77, 80, 220), Reuters (S. 44), AP (S. 49), Al Djazeera (S. 205), Christoph Püschner (S. 207)

Der Abdruck der Liedtexte erfolgt mit freundlicher Genehmigung des Fanfare Musikverlags (Edition Wecker).

ISBN 3-359-01478-2

Rosa-Luxemburg-Str. 39, 10178 Berlin
Umschlagentwurf: Peperoni Werbeagentur, Berlin
Gesamtherstellung: BerlinDruck, 28832 Achim

Die Bücher des Eulenspiegel Verlags erscheinen in der Eulenspiegel Verlagsgruppe.

www.eulenspiegel-verlag.de

Es geht vorüber,
eh' ich's gewahr werde,
und verwandelt sich,
eh' ich's merke.
Hiob

Eckermann, Gespräche mit Goethe
Mittwoch, den 21. April 1830

*

Sorgt doch, daß ihr die Welt verlassend
Nicht nur gut wart, sondern verlaßt
Eine gute Welt!

Aus »Die heilige Johanna der Schlachthöfe«
von Bertolt Brecht

*

Ich habe mich oft gefragt und keine Antwort gefunden,
woher das Sanfte und das Gute kommt,
weiß es auch heute nicht und muß nun gehn.

Gottfried Benn

SCHON IMMER HAB ICH auf das Schreckliche gewartet.
Es lauert hinter jedem Vorsprung. Und so schnell
ist, wer noch eben artig war, entartet
und Orpheus' Saitenklänge enden im Gebell.

Wohin nur? Einer meint: die Form.
Der andere: Ändere deine Haltung!
Selbst ohne Norm zu leben, wird zur Norm,
und ungestalt zu sein ist auch Gestaltung.

Noch bleibt der Wahnsinn. Halte dir im Hirn
die Gärten offen. Blühe, wo die Welt
noch keinen Zutritt hat. Wo dein Gestirn
sich noch im Innersten zusammenhält.

Konstantin Wecker

UNBEDINGT ETWAS ZWEIFELHAFTES TUN!

Vorwort von Hans-Dieter Schütt

SELBST WENN ES nichts mehr gäbe
was mich hält
dann hielte mich noch
daß mich nichts mehr hält

Konstantin Wecker

1.

Plötzlich war er nicht mehr allein. Plötzlich stimmten, mit ihrer Stimme, sehr viele gegen diesen Krieg, und bei einigen schien es, als hätten sie sich, kurz bevor sie der Zorn übermannte oder sie sich selber ermannten, noch versichernd umgesehen, wer da mit ihnen gemeinsam protestiere und so unversöhnlich einseitig zivilcouragiert sei. Wecker allein oder solche wie er wären wohl als Partner wider die Firma Bush & Blair zu wenig hauptstromlinienförmig, zu wenig differenzierend, zu wenig »ja, aber«-konditioniert gewesen.

Wecker war immer schon so: zweckdienlich zuspitzend. Er ist kein Idol im Sinne des Pop. Wer diesen Idolen zuhört, tut es im Willen, sich aufzulösen. Der Pop ist eine Einladung zur Selbstvergessenheit, Wecker dagegen lädt dazu ein, das eigene Ich einer Prüfung auszusetzen, bei der man zu sich selbst finden möge; das ist die Qualität übrigens, an der man jede Prüfung messen sollte: Man lerne nicht vorher, sondern während sie stattfindet. (Das Beste zur Erziehung freilich sagt Handke: »Nur dem Lehrer glaub', der gar nicht prüft.«)

Wecker nimmt keine Rücksicht, wer da oder ob da überhaupt jemand neben ihm auftaucht, wenn er seine Meinung sagt und singt. Der Reporter und Liedtexter Fritz-Jochen Kopka hat es vor sechzehn Jahren so formuliert: »Weckers Gegenwart ist immer überzeugend. Er beherrscht den Augenblick, lädt ihn auf mit Sinn, mit Emotion. Wenn er da ist, ist er vollständig da. Vergangenheit, Zukunft, andere Ortschaften scheinen ausgelöscht zu sein. Es zählt nur dieser Raum, nur dieser Moment.« Und Kopka spricht von der Sehnsucht Weckers nach Überfluß, »er ist überzeugt, daß Menschen den Überfluß schaffen können, daß Menschen freigebig sind, mit materiellem Besitz sowieso, aber auch mit ihrer Kraft, mit ihrem Engagement, vor allem mit ihrer Liebesfähigkeit«.

Dieses Buch mit Widerreden und Fürsprachen des Sängers hat nicht nur mit dessen eben skizzierter Überfluß-Sehnsucht zu tun, sondern auch mit dem Schmerz am Überfluß, einem Überfluß an Ohnmacht, an Störanfälligkeit, an Mit-Leidfähigkeit; Weckers Leben, seine Kunst, sein Meinungsdrang – all das bleibt gelebter Widerspruch zwischen vehementer Freundlichkeit dem Dasein gegenüber und ebenso vehement empfundener Getroffenheit von den politischen, sozialen Verwerfungen, in die alles Wohlempfinden verletzbar und so ewig unsicher eingelagert ist. Und so sehr es stimmen mag, daß für Wecker, wenn er sich singend oder redend auftue, Vergangenheit, Zukunft, andere Ortschaften ausgelöscht seien – so irrtümlich ist es auch. Denn die Irritationen, die der Künstler zum Beispiel im Vorfeld des Irak-Krieges inmitten einer – milde gesagt – ablehnungsschüchternen Medienlandschaft auslöste, waren nicht momentan-pazifistische Aufwallungen, sondern sind Teil einer confessio, die sich verläßlich durch die Biographie und Discographie zieht. Wecker war immer, wie er ist, und das kennzeichnet den Veränderungsimpuls seines Lebens. Spätestens seit »Willy« 1977 hat Wecker dem politischen Lied im Lande einen Aufschwung gegeben, und was zum großen Erfolg wurde, geriet dem Sänger nie zur routinierten Pose einer selbstgefälligen Rekonstruktion des einschlägig Wirksamen.

So gesehen, agierte er stets unvorsichtig gegen den eigenen Ruhm; Öffentlichkeit ist ihm die wichtigste Produktionsform von selbstbewußter, auch flehende Fragen auslösender gesellschaftlicher Erfahrung, und ohne die gibt es für Wecker auch keine haltbare private Erfahrung. Wer die Höhen und Tiefen seiner Laufbahn und seiner Lebensbahn aufzurechnen versucht gegen Energie und Zeitpunkte seiner politischen Äußerungen und dann davon ein kalkuliert taktisches Programm ableitet, hat diesen Mann – und im übrigen einiges andere – schlichtweg nicht begriffen.

Das folgende Buch ist also Dokument jener festen Geisteshaltung, deren Ausgangspunkt Offenheit heißt. Schon immer Offenheit hieß. Was sich in den Jahren vielleicht änderte, ist Weckers größere selbstreflexive Neugier, von der sein Tagebuch erzählt, das hier in Ausschnitten vorliegt. Aber ansonsten ist er ein Mann, wohnhaft und arbeitend in München-Schwabing, und da fällt einem nur Erich Mühsam ein, und vieles ist gesagt: Hier leben »Maler, Bildhauer, Dichter, Modelle, Nichtstuer, Philosophen, Religionsstifter, Umstürzler, Erneuerer, Sexulaethiker, Psychoanalytiker, Musiker, Architekten, ewige Studenten, Fleißige und Faule, Lebensgierige und Lebensmüde, Wildgelockte und adrett Gescheitelte – vereint in einer unsichtbaren Loge des Widerstandes gegen die Autorität der herkömmlichen Sitten und des Willens, ihr individuelles Gehaben nicht unter die Norm zu beugen.« So Mühsam in seinen »Unpolitischen Erinnerungen«.

Es waren die Anfangstage dieses Jahres, der Sänger Konstantin Wecker begab sich mit der Gesellschaft »Kultur des Friedens« aus Tübingen zu einer achttägigen Reise in den Irak. Diese Gesellschaft war 1988 unter anderem von Mikis Theodorakis sowie den Schriftstellern Christa Wolf und Tschingis Aitmatow gegründet worden – aber dem 55jährigen Münchner Sänger schwappte ein deutscher Unmut entgegen, als agiere er im Auftrage Saddam Husseins persönlich. Wecker sagte zunächst nur einen einzigen Satz zu seiner Reiseabsicht: »Ich möchte mit den Menschen in Bagdad sprechen.«

Der Satz ist zu einfach, zu unverschlüsselt, zu durchsichtig, um ebenso einfach ernstgenommen zu werden. Peter Handke fuhr vor Jahren mit einem ähnlichen Satz im Gepäck nach Serbien, am Ende erklärte ihn ein Reich-Ranicki gleichsam zum Psychopathen und Teile des literarischen Werks gleich mit. Der ganz andere Blick und der von Meinungsfuchtelei unbesetzte Kopf haben es schwer in einer Welt der tonangebenden journalistischen »Fernfuchtler« – »was mich betrifft, kenne ich keinen Vorgang, der stärker befreit – der tiefer das Gefühl von Befreiung und Freiheit schafft als das Wegfallen oder Wegdenken eines Vorurteils ... Ohne Augenschein keine Befreiung« (Peter Handke).

Dem Sänger wurde, kaum war er abgereist, aus deutschen Medien Häme nachgeworfen. Nur weil er sagte, um Saddam Hussein zu stürzen, dürfe man »doch nicht die Bevölkerung kaputtmachen, sondern muß sie stärken«, urteilte »Die Welt«, das sei »krude Logik«. Es sei naiv oder zeige Weckers »ausgeprägte Fähigkeit, sich auch dann für den Platzhirsch zu halten, wenn er am propagandistischen Nasenring geführt wird. Keiner hat in Bagdad mehr Grund, sich auf Wecker zu freuen, als Saddam«. Die »Süddeutsche Zeitung« erinnerte an Matthias Claudius' »Kriegslied«: Keiner wolle schuld sein an einem Krieg. »Aber manch einer zöge ein großes stilles Gedicht einer kleinlich-lauten PR-Nummer vor«, denn Wecker sei ein »Promi-Gutmensch, der offenbar keine Koffer packen kann, wenn ihm dabei keine Kamera zusieht«. Die »Berliner Zeitung« holte pünktlich zur Irak-Reise des Sängers Drogen-Fall hervor, den er »penetrant« bereut habe. »Wecker will lieben und geliebt werden. Er singt gegen Hunger, Rassismus und Globalisierungszwang an. Wie ein Wiedergutmacher.« Auch die Irak-Reise wirke da »wie ein Versuch, vor allem die eigene öffentliche Ehre wiederzubekommen.« Der »Bayerische Rundfunk« attestierte dem »vergessenen Barden« ein »peinliches Einmischungssyndrom«, und bei »RTL« hieß es, »nun ist wenigstens der notorische Gewissensrufer Grass nicht mehr allein, obwohl er einen besseren Kompagnon verdient« hätte.

Konstantin Wecker muß mit seiner komplizierten Vergangenheit leben, und wie bei jedem anderen öffentlichen Menschen ist sie mit Klebefläche versehen: Sie haftet allem an, zäh und gnadenlos; vor allem behindert sie die in Kunstfragen so nötige Trennung von Werk und Person. Zum anderen widerspiegelte der Angriff gegen ihn die allgemeine Lage: Kunst und Kultur – und damit Künstler – sind auf die Plätze ihrer gesellschaftlichen Realkraft verwiesen, und diese Kraft ist nur noch geschrumpfte moralische Instanz. Das ist gut und traurig zugleich, und was einer wie Wecker tut, wirkt anachronistisch. Die Dekadenz der jeweils neuen Zeit: Wir schlaffen immer weiter ab. Die allgemeine Inflation und daher Verbrauchtheit von Meinung hat einerseits die täglichen Schlagzeilen-Produzenten protegiert und auf der anderen Seite jene, die nur noch alle zehn Jahre ein bedeutsames »Aber ...« hervorhauchen. Öffentlichkeit stellt sich außerdem zum großen Teil über die Grobheit Fernsehen her, das treibt das Schweigen der Vernünftigen weiter an. Denn: Jeder TV-Auftritt ist vor allem Werbung in eigener Sache. Da nützt es etwa einem Politiker wenig, daß er bei Hochwasser- und Amoklauf-Szenerien Opfer-Gesichter imitiert – er bleibt durchschaut: Mit dem Speck des betroffen gesenkten Doppelkinns fängt man Wähler. Angesichts dieser Wahrnehmungstechniken ein »großes stilles Gedicht« beschwören?

In solcher gesellschaftlichen, medialen Lage also fährt ein Sänger in ein Land, das zum Kriegsgebiet zu werden drohte. Er tut es inmitten einer beträchtlichen öffentlichen Lethargie, inmitten eines unermeßlich quälenden Abwartens. Wenn zur Zeit von Weckers Fahrt bereits etwas aus dem so bedrohlichen Irak schrecklich wirksam auf die gesamte westliche Welt übergegriffen hatte, so war es doch offenbar dies: willkommene Unmengen von Wüstensand, in den alle vorsichtshalber den Kopf steckten. Und so hauten sie drauf aufs Sängerlein – das mit seiner Aktion nicht aufgefallen wäre, wäre diese schon ein Teil einer umfassenden Protestbewegung gewesen. Über deren langes Ausbleiben galt es genauer nachzudenken, nicht über Wecker. Alles Gesagte und Geschriebene gegen den Sänger hatte wieder diesen selbstgewissen Feuille-Ton, denn auch der Feuilletonist »will lieben und geliebt werden«; er liebt seine Coolness, und geliebt werden möchte er vom allgemeinen Geist, den man den Zeitgeist nennt. Wir sprechen über alles wohlbegründet, »ohne die geringste Erschütterung, fast teilnahmslos, und die Förmlichkeit der Diskurse schirmt den Erkenntnismenschen ab gegen ein wilderes Bewußtsein von sich selbst ... In diesem nahen und kalten Draußensein wird er nichts mehr davon spüren, keinen Schmerz, keine Furcht, gar nichts Erlebbares mehr. Wir müßten auf eine unbekannte Sprache stoßen, die erst wieder *uns* eröffnet.« (Botho Strauß)

»Politisches Engagement ist ohne Zweifel ehrenhaft«, meinte die »Berliner Zeitung« gönnerisch, als sei sie durchaus bereit, diesen Wecker, wäre er nicht inzwischen nach Ansicht des Blattes so unglaubwürdig geworden, eine Brücke zu bauen. Ja, so reden Gönner, und man möchte geradezu etwas Zweifelhaftes tun, um nur nicht in den Genuß solch moralischen Mäzenatentums zu geraten. Wer weiß denn, was in diesen Zeiten richtig ist? Ist nicht alles Öffentliche ohnehin längst ebenso angreifbar wie alles Schweigen? Der Aufschrei, der erfahrungsgemäß einen wenig argumentativen Eindruck macht, ist in Verruf gekommen. Aber das Argument selbst doch auch. Denn so paradox es klingen mag: Mit Ausgewogenheit, mit Hin- und Herwenden kann man ein Problem kaputt differenzieren, und am Ende steht man zwischen den Standpunkten wie Buridans Esel. So richtig gut ging dessen

Geschichte bekanntlich nicht aus. Die Vernunft ist ein Wechselbalg. Sie ist das Chamäleon unserer wechselnden Interessenlagen. Auch die Artikel gegen Wecker offenbarten: Die süffisant lächelnde Ironie hat das Pathos aus dem Felde geschlagen, weil sich der Mensch im geschichtlichen Pathos lächerlich machte. Aber diese ewige rotzende Ironie ist nicht weniger entsetzlich. Alles wurde in die Relativierung getrieben, auch die Kriegsangst. Alle sind Teil einer »Arenagesellschaft«, in der blasiert, amüsiert und gierig zugesehen wird. Hatte jeder, der da gegen Wecker hieb, selber schon Stellung bezogen im Konflikt, um den es eigentlich ging, immer noch geht? Mich hätten die Ratlosigkeit und die Hilflosigkeit der Schreiber weit mehr interessiert als das Wühlen in der abgestandenen Antipathie gegen Wecker – der ja im übrigen nicht allein in den Irak flog, sondern mit Ärzten und Wissenschaftlern. Man warf dem Künstler vor, verzweifelte Geschäftstüchtigkeit geschickt oder ungeschickt mit Gewissens-Striptease zu verrühren, aber just seine Prominenz ist immerhin noch groß genug, daß man selber sittenwächterisch damit reüssieren kann. (Wer nimmt denn im Ernst an, diese Reise sei in irgendeiner Weise Parteinahme für Saddam Hussein! Sie ist genau so wenig Unterstützung des Regimes, wie es Handkes Reise nach Serbien oder Gysis Gespräch mit Milosevic waren; aber auch hier ist bekannt, wie die Anstandspolizei zubiß!)

Daß ein Konstantin Wecker ins moralische Kreuzfeuer geriet, sagt etwas über seine Lage aus. Aber es sagt mehr über die Lage auf dem Medien-Markt aus, auf dem mit Moral gehandelt wird. Ich dachte anläßlich dieser Reise: Er fliegt nach Bagdad, und ich sitze am Schreibtisch und nachher in der Kneipe – es lebe der Frieden! Er hat ein paar Sätze gesagt, über die darf man nachdenken; man muß ja nicht mal. Aber diese Sätze oder die Frage danach, was so eine Reise für einen Sinn haben könnte – dies reicht (mir), um ein paar Minuten auf ein Problem gelenkt zu sein, das uns noch sehr, sehr beschäftigen wird.

2.

Wie gesagt: Plötzlich war einer wie Wecker nicht mehr allein mit seiner Meinung. Auf Friedensdemonstrationen der letzten Wochen und Monate, in zahlreichen Artikeln oder bei anderen Medien-Auftritten unmittelbar vor, während und in Folge des Irak-Krieges zeigte sich, zunächst zögerlich, dann aber mit durchaus massiver Kraft: Der deutsche Künstler und Intellektuelle (natürlich: eine unbotmäßige Verallgemeinerung!) ist wieder dort, wo man ihn längst abgeschrieben hatte: in der Öffentlichkeit. Krieg oder Frieden? Mit einem Male wieder sein Thema. Daß sich viele Künstler außerhalb ihrer Arbeit eine große Weile eher für das Schweigen als für eine Meinungskundgebung entschieden hatten – es ist wohl zuallererst jener spezifischen geistigen Arbeitsweise geschuldet, die von abenteuerlichen, unabgesicherten, riskanten Selbstbeobachtungen lebt und von tiefgefühlter Unfähigkeit begleitet ist, einer Allgemeinheit das schnelle, konjunkturelle Wort zu geben. Einer Allgemeinheit, in der das Differenzierte, Uneinhellige, hoffnungsvoll und hoffnungslos Verwickelte wenig Platz hat. Daher die in den letzten Jahren auffällig gewachsene Verweigerung vieler Schriftsteller, sich als staatlich subventionierte Nach- und Vorplapperer von Leuten vernutzen zu lassen, die ihrer ideologischen Stoßrichtungsarbeit gern ein leuchtendes Wort in gutem Deutsch voranschicken würden. Hinzu kommt die gravierende Abschwächung einer gesellschaftlich übergreifenden und raumschwingenden Diskussionskultur. Statt des Disputs, der alle angeht: überall, für diesen oder jenen Streit, nur noch kleinere Selbsterregungsgemeinschaften, die sich gleichsam für eine absehbare Zeit das hungrige Feuilleton anmieten.

Es gehört zum Los von Künstlern und Intellektuellen, von der Gesellschaft nicht immer verstanden zu werden. Isolation, die daraus entsteht, ist erträglich. Aber wenn man selber die Gesellschaft, also: die Menschen, nicht mehr versteht – was ist mit dieser Art der Isolation? Ist sie nicht entsetzlich? Deshalb geht der Intellektuelle zu besonders plagenden Anlässen doch hinaus, und wenn es eben sein muß: sogar hin zur friedenfordernden Mehrheit. Gibt seinen Namen, erhebt seine Stimme, fällt sein entschiedenes Urteil. Wie eben im Falle der Irak-Invasion. Es ist zu vermuten, daß nun allmählich wieder, im ungewissen Danach zwischen Frieden und Befriedung, eine gewisse Ruhe eintritt. Es ist die Ruhe auch einer unbestreitbaren, naturgemäßen Ermüdung öffentlicher Empörungskraft; mit der Dämmung der unmittelbar wütenden Kriegsfurien geht eine Beruhigung des Herzens einher. Was nun gefragt werden muß: Ist das innerstaatliche sozial-politische Konfliktfeld, das sich wieder in den Blick schiebt, auf andere Art nicht ebenso dramatisch und verhängnisdrohend wie all das außenpolitisch Quälende, das uns in den letzten Wochen bewegte? Auch hier empfiehlt es sich, Wecker-Lieder und Wecker-Meinungen für eine Auffrischung des warnenden, aufmerksamen Gedächtnisses anzurufen. Sozialstaatdemontage. Auseinanderdriften der sozialen Schichten. Verwahrlosung des Freiheitsbegriffs. Beschneidung demokratischer Rechte. Aufkündigung traditioneller Sicherungsgefüge von Sozialität und Marktwirtschaft (die ja nicht willkürliche Vereinbarungen waren, sondern hart umkämpftes Resultat eines fast jahrhundertlangen Ringens gegensätzlichster Kräfte) – all diese Dinge, die eine Weile quasi stillgelegte Kopfschmerzreservate waren, werden nun wieder pochen und hervorbrechen als das nächste Bedrängende, Glückfressende, Zuversichtraubende, unsicher Machende. Wo wird der Impuls einer geistgestützten Opposition dann sein? Wird sich die Intensität einer mehrheitlichen Demonstrationskultur nach ihrer außenpolitischen Verve zukünftig auch

innenpolitisch stark zeigen? »Genug ist nicht genug«, sang Wecker vor vielen Jahren – für heute.
Inspiriert werde ich zu dieser Frage nach künftiger Kritik der bestehenden politischen Wahrheit auch durch zufällige Wiederlektüre des Buches »Die Welt der Westdeutschen« von Günter Gaus. Geschrieben 1986! Der Publizist stellt damals schon fest, die sozial-politische Akzentsetzung der Sozialdemokratie bedeutete »für den einzelnen, für den Schwachen, den Unterprivilegierten nicht wenig. Aber viele meinesgleichen haben wegen dieses graduellen Unterschieds im sozialen Akzent über ein halbes Leben lang verdrängt oder halbherzige Antworten hingenommen«. Von diesem Verdacht der Halbherzigkeit im sozial-politischen Denken bundesdeutscher Elite leitet Gaus Fragen an die intellektuelle Opposition des Landes ab. Die »neue Innerlichkeit, der Feinsinn, der ästhetische Gestus« sei in einer Weise kommod geworden, die eine »resigniert-hochmütige Entfernung von der Politik« veranlaßt habe. Wie gesagt: ein Urteil über die alte Bundesrepublik.

Jene relative Ruhe, mit der nun, Anfang des 21. Jahrhunderts, das Zerreißen der Sozialsysteme beobachtet, der Mut zur politischen Phantasie verabschiedet und die kapitalistische Totalität alternativlos hingenommen wird – hat dies alles nicht ein Gutteil mit dem zu tun, was Gaus in der langen Geschichte der Bundesrepublik geradezu genetisch verankert sieht? Er meint, die geistige Opposition der Intellektuellen kenne die unteren sozialen Schichten doch seit jeher nur als literarische Figur. Wenig habe man im Sinn gehabt mit »Arbeiterproblemen, Gewerkschaftsfragen«. Ein stolzer Frontgeist, inspiriert durchs Wirtschaftswunder und bestärkt durch die Zustände im sozialistischen Osten, hätten in der Bundesrepublik doch bloß »mehrheitliche geistige Selbstbeschränkung« hervorgerufen, es entwickelte sich »eine herrschende Unfähigkeit, das eigene System als solches kritisch zu betrachten«. So sei auch in Westdeutschland »der gesamte öffentliche Raum der Gesellschaft eine einzige große Nische des Unpolitischen« geworden.

Folgt man dem, so resultiert die gegenwärtige Lethargie des Politischen aus einem großen Unverständnis und einem tief eingegrabenen Desinteresse zwischen Begünstigten und Unterprivilegierten. Man kennt einander nicht. Verstehe ich Gaus richtig, so sind seine (selbst!-)kritischen Fragen an die geistig-politische Opposition, zu denen maßgeblich die Künstler und Intellektuellen gehören, also auch ein Vorwurf: sich nicht wirklich beizeiten und beständig dafür eingesetzt zu haben, daß es den US-amerikanischen Sozialverhältnissen in Deutschland schwerer gemacht wird, als dies nun offensichtlich den Anschein hat. Auch für Künstler und Intellektuelle wird die Welt nach dem Irak-Krieg nicht wieder, wie sie eben noch war. Nein: schien. Die alten Bedingungen rekrutieren sich nicht, weder in der werktreuen Einsamkeit, noch im öffentlichen Raum. Der neu zu schaffen ist? Just auf dieser Baustelle lebt Konstantin Wecker schon lange.

3.

Wenn Weckers Tagebücher und Interviews von spirituellen Fragen geradezu durchbebt sind, dann ist dies kein esoterischer Rückzug aufs Private, sondern zitternde Reaktion auf eine Geistigkeit unseres Lebens, die ihn erschrickt. Was ihn so erschüttert, ist eine kapitalistische Aufkündigung von Werten des Mitmenschlichen, die man vielleicht mit dem kennzeichnen könnte, was Matthias Horx, Deutschlands bekanntester Trendforscher, als Hauptworte künftiger individueller Lebensplanung nennt: »Navigieren. Kreuzen. Umwege.« Biografien – bisher eingebettet in die klaren

Abfolgen von Ausbildung, Arbeitsleben und Ruhestand – werden unberechenbarer. Jenes beruhigende Prinzip einer jahrzehntelang gesicherten Festanstellung weicht einem »temporären Arbeiten in flexiblen Netzwerken«, das auch jedes traditionelle Beziehungs- und Familiendenken in Frage stellt. Die Trendforschung spricht von den Lockungen und Notwendigkeiten eines völlig neuen »Bindungsmarktes«. Bindung erscheint hier als Gebot von Zweckmäßigkeit und Nutzungsvorteil. Was angesagt ist: ein Rückwurf auf die Hochkultur der durchtrainierten Egoisten.

Auf der einen Seite muß diese Trendbestimmung verstanden werden als ganz normale Beschreibung des Experimentellen, ohne das eine gesellschaftliche wie individuelle Entwicklung nicht denkbar wäre. Schon Nietzsche sprach vom Privileg, »auf den Versuch hin leben und sich dem Abenteuer anbieten zu dürfen«. Der freie Geist unterwegs; das Ungewisse einplanend, es nicht von vornherein abblockend und nur danach fragend, welche Absicherungen das Leben unbedingt begleiten sollten. Die Widersprüche der Existenz an sich herankommen lassen. Dies ist freilich die schwierigste, risikovollste Form von Leben, für die es keinen Laborraum gibt, der vor bitteren Erfahrungen schützt. Auch davon weiß Konstantin Wecker ein Lied zu singen, und er singt es so leuchtend hart wie melancholisch umschattet.

Nur fragt er sich beim Blick in die Realität: Stimmt denn tatsächlich die Euphorie jener geschichtlichen Endbeglückung, mit der die Trendbörsen des Kapitals den Aufwind des Selbst begleiten? Stehen da wirklich in fiebriger Erwartung neuzeitliche Pioniergruppen bereit, die sich nichts Ersehnteres wissen, als das umzusetzen, was als Abenteuer prophezeit wird? Elitäre Ausfeilungen der Ich-AG-Ära, die frohgestimmten Herzens auf Ausfahrt gehen?

Vielleicht ist es doch ganz anders, und das meint Wecker mit seinen Gedanken über den Mut zu Selbstöffnung und Selbstfindung: Auch diejenigen, die sich bereitwillig in den neuen Karrierismus-Kanon stürzen, haben im Grunde erbärmliche Angst. Die Assoziation zum Seeabenteuer mit seinen navigatorisch zu bewältigenden Unwägbarkeiten wäre dann nicht unbedingt Ausdruck einer selbstgewählten Freiheit. Angezeigt würde eher die Flucht nach vorn – nicht ins Gestalten, sondern ins Aushalten. Das nämlich ist immer schon die prototypische Antwort des Menschen auf die steigende Unfreundlichkeit von Weltverhältnissen gewesen: Dem unausweichlichen Schicksal, hart werden zu müssen, entgegnet man mit dem Willen zur Härte – denn jeder Wille ist ja, dem Anschein nach, dem Schicksal um einen Schritt voraus. Gewollte Härte fängt das Schwerwerden ab, das auf die Überlasteten just in dieser Zeit kapitalistischer Entfesselungen und Einkreisungen wartet.

Das wäre also der mögliche Ursprung aller Bereitschaft fürs notwendige Navigieren und Kreuzen: Früher pfiff man im Wald, heute ruft man laut Freiheit!, am besten bei Windstärke zwölf! Man fügt sich in die Tatsache, daß man verstärkt eines lernen muß: mehr auszuhalten, als im Sinne eines wirklich freien Lebens hinzunehmen wäre. Was seit den Griechen Askese heißt, ist Arbeit an der Grundhärte; diese wurzelt im Versuch, mit freiwilliger Anstrengung die unfreiwilligen Belastungen zu überholen – um sich in der ungeliebten Überforderung einen Hochgefühlsspielraum offen zu halten, ohne den das Leben nicht auszuhalten wäre. Man muß das unvermeidliche Leiden gesteigert inszenieren, um das reale Pensum tragbar zu machen. Abenteuer, Experiment, Sturm, Bewährung, Härtetest, Marathon, sportiver Geist, Expedition – das klingt natürlich weit einladender, geheimnisvoller, männlicher als Flexibilitätsgebot, Leistungsdruck, unternehmerischer Zwang, Konkurrenzangst, Verfügungsfähigkeit, Erfolgskultur, Stresskompetenz. Wo marktfähige Selbstdefinition an die Einsicht gebunden ist, mehr auszuhalten, als dem sozial und mitmenschlich gepolten Ich gut tut – dort steht Selbstversorgung mehr und mehr gegen den Sozialstaat. Wenn sich Menschen nämlich mit den bezeichneten übergroßen Anstrengungen durchs Arbeitsleben bewegen, die ihren individuellen Energiehaushalt eigentlich überfordern, so ist ihr Unwille erklärlich, die wirtschaftlichen, sozialen Ergebnisse ihrer Leistungen weiter mit jenen teilen zu sollen, die außerhalb der Grundhärte-Gemeinschaft stehen. In jenem Energiestress der Übermüdeten, der sich Abenteuer nennen muß, verflüchtigt sich die Barmherzigkeit zuerst. Dagegen singt Wecker an. Er singt immer auch sich selber an.

Die Unkosten des solidarisch aktiven Mitleids stehen derzeit auf den Sparplänen der Gefühlsökonomie ganz oben. Nicht von Bosheit wird neue soziale Kälte diktiert, sondern von jener Feigheit, die nach Shakespeare nur im Menschen, als einzigem Wesen, zu hohen Jahren kommt: Es wird im absehbaren Interesse des notwendigerweise verhärteten Einzelnen liegen, der eigenen Intelligenz und der eigenen Sensibilität – die gern mahnen würden: Was machst du da nur aus dir? – wie einer inneren Gefahrenquelle auszuweichen. Sonst wird nämlich nichts aus einem. Es mußten bislang stets mehrere ungleichartige Intelligenzen kombiniert sein, damit Leben in einer sozialen Gemeinschaft des Aneinander-Denkens und des Füreinander-Handelns möglich wurde. Auf die Unterschiede wird in Zukunft wohl keine Rücksicht genommen werden. Aber auch für ihresgleichen werden die künftigen Abenteurer, Kreuzfahrer und Navigatoren solche Eigenschaften wie Solidarität und Nächstenliebe nicht mehr ausbilden; denn alle Tugenden, die es zu perfektionieren gilt, sind Tugenden der erfolgsorientierten Selbstsucht, die doch den jeweils anderen auf die Plätze verweisen will. Wozu sonst die übermäßige Athletik der Selbststählung?

Vorbei also die moralische Anfechtbarkeit, die von unten nach oben und von oben nach unten fließen muß, damit die Pole des sozial Ungleichen in einer gemeinsamen Gerechtigkeitsanstrengung zusammengehalten werden. Für Aristoteles, der die Ethik als eigenständige philosophische Disziplin neben Logik und Physik etablierte, war die Frage nach Mitte und Maß das Kriterium für vernünftiges Handeln. Er erfand die »goldene Mitte«. Vielleicht die früheste, haltbarste Utopie, vor der noch jede Gesellschaftsordnung versagte.

US-amerikanische Manager verteilen Visitenkarten, darauf steht ethics-department. Ethik wird in großen Unternehmen von einer Abteilung wahrgenommen, so wie Einkauf, Verkauf und Rechnungswesen. Wahrscheinlich arbeiten diese Abteilungen sehr gut. Was viel über den Niedergang der Ethik sagt.

Navigieren. Kreuzen. Umwege in Kauf nehmen. Die Flexibilitäts- und Selbsthärtungsexzesse der Leistungsträger erschaffen eine Vorgabe, was sinnvolles, weil elastisches Leben sei? Angesichts dessen können viele Menschen nur noch aufstecken und sich fügen – in die lebbare Depression ihres mittelmäßigen Unglücks. Aber die Freiheit und Selbst-Sicherheit der Kämpfer hat keine wirklich mobilisierende Ausstrahlung, einzig das Weiß der Angst in den Augen strahlt, – so daß diejenigen, die nicht an der Leistung teilhaben, sich trotz all ihrer Niedergedrücktheit doch auf seltsame Weise freier, glücklicher und selbstbestimmter vorkommen dürfen. Der gesicherte Arbeitsplatz als einzige Zugangsmöglichkeit zur gesellschaftlichen und persönlichen Identität, als einzige Chance, dem Leben Sinn zu geben? Just dieser Platz ist die so ersehnte wie zweifelhafte Arena, die aus gutem Grund den starken, wendigen, athletischen, abgehärteten Menschen benötigt, und aus dieser Arena kommt die wahrlich abenteuerliche Botschaft für Millionen Menschen: Zugeständnisse hinnehmen, Demütigungen ertragen, Unterwürfigkeit hervorkehren.

Individualisierung wird als Ausweitung des wahrhaft Menschlichen in die Welt gefeiert, dabei experimentieren die Manager der Ausleerung längst über der Frage, mit wie wenig Menschen diese Welt auskommen könnte. Navigieren und Kreuzen? Angesichts der »Selbstmacher«-Inflation beklagt Botho Strauß »den großen Mangel an Stubenhockern und diese Überzahl von weltfahrenden, an ihr vorbeifahrenden Leuten«. Nur vordergründig führt Individualisierung aus Zwängen und Herkunftsbindungen heraus.

Hintergründig erzeugt das einsame Navigieren genau das, wovon es Erlösung verheißt: Fremdbestimmung. Denn je mehr und gleichmäßiger sich die Chance der Selbstbestimmung gesellschaftlich verbreitet, desto mehr verbreitet sich das Risiko, selber gekantet zu werden. Jeder aktive Wahlakt an jedem Markt hat sein passives Pendant: das Nicht-gewählt-Werden, das Fallen-gelassen-Werden. Wohin aber wenden wir uns, Schutz und Halt suchend, wenn wir früher oder später zu denen gehören, die nicht mehr dazugehören? Es bleiben Eltern, Geschwister, Kinder, alte Freunde, Familie – der Sozialstaat. Daß die eigenen Zukunftsideen nicht von anderen gestört oder zerstört werden – davor kann nur ein Einverständnis jenseits der totalen Individualisierung, also: eine kollektive Identität schützen. Die sich rekrutiert aus lauter Rücknahmen uferloser Selbstbestimmung. Aristoteles' goldene, nicht Schröders Neue Mitte.

»Der Seefahrer heftet bei seinen Navigationen die Augen auf die Sterne, nach ihnen richtet er den Lauf seines Schiffes und hofft darauf, daß sie ihm den Weg zeigen. Er verläßt die eine Insel um der anderen willen: die verschiedenen geistigen Erfahrungen, denen er begegnet, sind ebenso viele Inseln, bis er sich schließlich hinlenkt zu der Stadt, deren Bewohner nicht mehr reisen und worin jeder erfüllt ist von dem, was er hat.« Was der syrische Gebetsmeister Isaac von Ninive, ein Nestorianermönch des 7. Jahrhunderts, da aufschrieb, ist auch so ein Lob der Strauß'schen Stubenhocker und des Weckerschen Spiritualismus; es ist Sinn eines wahren Abenteuers – das zur Ruhe kommt in der Wahrung des sozialen, des seelischen Ausgleichs. Einzig in bestimmten nicht wählbaren Beziehungen gewinnt der Einzelne auch in Zukunft jene Anerkennung und jene Selbst-Sicherheit, die nötig sind, um experimentelle, selbstgewählte Zukunft eingehen zu können. Und diese Beziehungen können gar nichts anderes sein als: traditionelle Herkunftsbindungen an Familie, Sprach- und Wertgemeinschaften sowie gemeinsame Unterordnung unter das Gewaltmonopol und Sozialgewissen eines Staates.

Navigieren. Kreuzen. Umwege in Kauf nehmen. Der Trendforscher Horx vom deutschen Zukunftsinstitut sagt, unser Leben werde immer mehr zur Entdeckungsreise. Wer wird künftig noch nach denen fragen, die im Abenteuer der »Selbstannetzung« nur ein Ausgesetztsein sehen können, das ihrer Natur widerspricht?

4.

Auch Konstantin Wecker widerspiegelt in seiner Zerrissenheit zwischen Zorn und Ohnmacht den Zustand intellektueller Widerstandskultur in modernen politischen Strukturen. Politik ist Fernsehen, und Fernsehen ist erfolgreich-rigide Vertreibung von Problemdebatten durch Werbung. Deren Untergrund ist ein totalitärer Anspruch: Alles wird mit uns besser. Das sagen verkreidete Schwarze, graue Grüne, blasse Rote. Keiner weiß aber wirklich, wie und wohin. Wo Politiker aller Parteien der Versuchung erliegen, sich im Gegensatz zu ihrem pragmatischen Gewurstel für Anwälte umfassender, gravierender Lösungen zu halten, wo sie sich auf Worte wie kompromißlos, konsequent, unbeirrbar versteifen, wo sie noch in der Welt der niedrigen Wählerprozente unbändige Siegeszuversicht ausstrahlen und gleichsam im freien Fall die beste Figur versuchen wollen – dort lauert das moderne Verhängnis eines falschen, illusorischen Politikverständnisses.

»Es ist unseriös zu behaupten, daß wir alle gemeinsame Probleme haben, die wir, wenn wir sie gemeinsam anpacken und die richtigen Rezepte befolgen, auch lösen können«, schreibt der Schriftsteller Jochen Schimmang im »Tagesspiegel«; gegen das Trugbild des »aufgeklärten Kapitalismus«, der ein ebensolches Trugbild wie die einstige Lüge des umfassend menschlichen, friedlichen Sozialismus sei, schlägt er vor, »Politik bewußt in den Rahmen der Brüchigkeit und Begrenztheit unserer Handlungen und Existenz zu stellen«. Nur wo dies geschähe, geschähe Aufklärung hin zur nützlichen Nüchternheit: Die Arbeitslosenzahlen werden nämlich auch in der nun angebrochenen Zukunft, wie immer eine Regierungsmannschaft aussehen möge, nicht großdimensional fallen; der Osten wird nicht wesentlich heiterer aufblühen; das Zuwanderungsthema wird weiter der heiße Brei auf Stamm- und Regierungstischen bleiben; nach den Rindern werden sich andere Kreaturen in Notwehr wider uns dem Wahnsinn ergeben; der schiefe Turm von Pisa wird schief bleiben; Geld wird weiter knapp werden, die Ketten dieser Welt werden es jedoch nicht. Krieg, Klimaveränderung, Kapitalkonzentration – nichts wird uns verlassen, schon gar nicht der globalisierte

Gegensatz zwischen westlicher und übriger Welt und deren Ausdrucksformen von Gewalt und Haß. »Durch die neue Metaphysik des Verbrauchs verdunstet der alte ernste Mensch«, so der Philosoph Peter Sloterdijk. Er spricht vom europäischen »Zeitvernichtungsgeist«, mit dem der Unernst zum Lebens-Stil und die Entwirklichung der Welt zum Lehrsatz erhoben wurde: Die westlichen »Mehrheiten sind längst zur glaubenlosen Internationale von Endverbrauchern geworden ... wir sind bodenlos, weil wir zwischen vierzehn Arten von Dressing wählen müssen. Die Welt ist eine Speisekarte, da heißt es bestellen und nicht verzweifeln. Wir alle treiben auf dem Ozean der Appetite. Erlebnisbereitschaft hat die Welt entgrenzt.«

Das alles ist für einen wie Wecker kein Aufruf, sich zurückzuziehen. Aber es ist ein Hinweis darauf, wie hoffnungslos – im befreienden Sinne! – herrschende Politik zu betrachten sei. Inklusive des Schmerzes und der Trauer über diesen Zustand. Daß in uns Sehnsucht danach drängt, es möge anders sein, ist schöne Bestätigung unseres Triebs, Erfahrungssperren zu durchbrechen. Zur Moralphilosophie praktischer Politik aber sollte es gehören, mit größeren Sehnsüchten nicht zu spielen.

Alles politisch höher Angesetzte wird daran scheitern, daß wir in einer Gesellschaft leben, die unabänderlich aus Gewinnern und Verlierern besteht. In einer Welt, wo der Mensch in der Revolte weiter die Ausnahme bleibt. In einer Welt, in der jeder tagtäglich mehr hinnimmt und aushält, als für ihn gut ist. Aber die Aushaltestrukturen gehören zu unserem eingekreisten Dasein. Es ist ein politischer Alltag ausgebrochen, der ohne Propheten und ohne Flügelschwingen auskommt. Am meisten schmerzt, daß die Selbsttäuschung nicht ebenfalls geringer wird. Reale Ohnmacht des Handelns steht arg im Widerspruch zur Mächtigkeit der Auftritte: Politik tut so, als spräche sie von Freiheit, Frieden, Gerechtigkeit, Gemeinsinn, Nächstenliebe, aber sie sagt doch nur Lohnnebenkosten, Dosenpfand, Körperschaftssteuer und Zinssatz.

Wirklich verantwortliche Politik wird sich also mehr und mehr von einer Wahrheit bewegt wissen, die jenen Depressionen standhält, die durch ihr eingeschränktes Handeln hervorgerufen werden. Aus dem Grunde werden es große Gedanken für eine Weile schwer haben im öffentlichen Raum. Was ja trotzdem heißt, diesen Raum mit besagter Millimeterarbeit zu bestellen. Und wer möchte nicht daran glauben, daß Glück doch eine gesellschaftliche Kategorie sei. Aber sie ist es nicht, und das Glücksversprechen, in welcher Variante auch immer, gehört nicht in besagten öffentlichen Raum.

Politiker treten auf, als bräuchten wir sie mehr, als wir uns selber brauchen. Dichter jedoch lese ich (und Weckers Äußerungen lese ich), um wieder im Gefühl gestärkt zu werden: Ich brauche vor allem – mich selber. Politiker reden widerspruchsfreier, als man es sich wünschen darf. Künstler aber machen anderen nur jene Vorwürfe, die sie an sich selber ausprobiert haben. Sie sind die Gegenwelt zur gegenwärtigen politischen Welt – die offenbar den am meisten verwildern läßt, der am besten ausgerüstet ist, sie zu bestehen. Aber man soll die Hoffnung freilich nicht aufgeben und nicht die Vorstellung von den ganz anderen Zuständen. Die erreicht sind, »wenn Läst'rung nicht auf Zungen wohnt,/ Der Gauner des Nächsten Beutel schont,/ Wenn die Wuch'rer ihr Gold im Felde beschaun,/ Und Huren und Kuppler Kirchen baun.« Heißt es bei Shakespeare. Er läßt diese Prophezeiung im »Lear« natürlich »nur« den Narren sagen.

5.

Das folgende Buch sammelt politische, spirituelle Gedanken Konstantin Weckers; es ist konzipiert worden während eines Krieges, nun erscheint es nach einem Krieg – der aber noch lange nicht ans Ende kommt. Da die Äußerungen aus dem emotionalen Schub der letzten Wochen heraus zusammengestellt wurden, steht am Anfang, was Wecker unmittelbar zum Thema Irak sagte (und im Tagebuch schrieb). Die Chronologie geht zurück. Das Heutige fußt auf Vergangenem; was etwa zum Afghanistan-Krieg geäußert wurde, schiebt sich als gedankliche Ader durchs Gestein der laufenden Zeit. Oder: Schichtenablagerung nach Art des Internets: Die neue Nachricht setzt sich vor die alte. Aber wer es eben wirklich wissen will: Wecker ist in vielem Neuem nach wie vor der alte. Interviews gehen auch noch einmal ein auf Weckers Herkünfte, Irrwege, Umwege – der Mann ist nicht zu trennen ins Wilde und Gemäßigte, Politische und Künstlerische, Überlegte und Sinnliche. Im Anhang dann einige Lieder: dem Sänger das letzte Wort, das doch immer sein erstes, tonangebendes bleiben wird.

WO DEMOKRATIE DRAUFSTEHT – STECKT DA AUCH DEMOKRATIE DRIN?

Konstantin Wecker schreibt an seinen irakischen »Patensohn« Amir, 25. März 2003

So lang ist es am Boden gelegen, das Volk. Wir wollen, daß dem Land seine Unschuld wieder aus den Augen herausschaut ... Da haben sie, zur Aufmunterung, zum Vertrauenerwecken ... diese ganzen Streubomben geschmissen. Sie haben viele umgebracht, Obsthändler, Zeitungsverkäufer, Hirten, Gehütete, Unbehütete, ganze Familien, ob vollständig oder nicht, egal, aber sie haben das zu Recht gemacht, um ihre eigenen Truppen zu schützen ... So klug sind diese Bomben, das können Sie sich gar nicht vorstellen ... Jeder wird glücklich sein, und vor allem werden die Armen, die Kranken, die Verwundeten, die Getöteten glücklich sein. Jetzt sind sie noch nicht glücklich. Aber wenn wir fertig sind, werden alle glücklich sein.

Elfriede Jelinek in »Bambiland«,
»Der Standard« vom 12. April 2003

Über Konstantin Weckers Irak-Reise, die er Anfang Januar 2003 gemeinsam mit anderen deutschen Friedensaktivisten unternahm, schreibt die »Stuttgarter Zeitung« am 14. Januar in einem Korrespondentenbericht: »Tagsüber trifft sich Wekker im Gefolge seiner Delegation mit anderen Friedensorganisationen, hält Mahnwachen vor einem im vorherigen Krieg zerstörten Bunker und bespricht mit den Behörden eines seiner Anliegen: ein Konzert für den Frieden in Bagdad. Im alten Künstlercafé Shabandiya im Herzen der Medina erlebt der Liedermacher die Sehnsucht irakischer Künstler nach der deutschen Kultur. Beim Tee im Dunst der Wasserpfeifen redet er lange mit dem irakischen Poeten Salik über Arnold Schönbergs Musik, über Beethovens Leidenschaft, über Schreibblockaden und Adornos Weltbild. Wecker singt den Leuten noch zwei Lieder, und als er das Café verläßt, wirkt er entschlossen. ›Natürlich werden wir auch vereinnahmt, aber es wird ihnen nicht viel helfen ... Ich möchte hier tätig werden, und davon lasse ich mich nicht abhalten.‹ Gegen Ende der Reise findet Wecker schließlich einen Menschen, den er als ›seinen neuen Sohn‹ bezeichnet. Amir ist zehn Jahre alt und mußte die zweite Klasse verlassen, um beim Schmied gegenüber zu arbeiten, zwölf Stunden am Tag. Er wohnt im zweiten Stock eines baufälligen Hauses in der Altstadt Bagdads: Sieben Kinder und die beiden Eltern leben in einem Raum so groß wie zwei Doppelbetten. Der kranke Vater verkauft Nüsse und kann damit nicht einmal die Miete für die heruntergekommene Kammer zahlen. Amir hat Glück gehabt, da seine Schwester Amal in einem deutschen Fernsehbericht aufgetreten war. Ein Spender aus Deutschland wollte dem Mädchen daraufhin Geld zukommen lassen, und Wecker will künftig dafür sorgen, daß alle drei schulpflichtigen Kinder der Familie einen Abschluß machen können. Nun aber sitzt er auf der abgewetzten Couch in der Kammer, Amir fest in den Arm genommen. Rührung und Betroffenheit flimmern in den Kulleraugen, doch der Liedermacher wirkt, als wäre er angekommen.«

Der Berliner »Tagesspiegel« am 15. Januar: »Am Tag nach der Begegnung sprach Wecker mit der einzigen deutschen Hilfsorganisation vor Ort, ›Architekten für Menschen in Not‹, und organisierte die Wiedereingliederung von Amir in die Schule. Seine Familie erhält dafür eine monatliche Unterstützung, die den Ausfall der Kinderarbeit mehr als wettmacht.«

Folgenden Brief schrieb Konstantin Wecker an Amir, er las ihn in den Konzerten während der US-amerikanischen und britischen Invasion im Irak vor.

Lieber Amir!

Ich weiß nicht, wo Du Dich jetzt gerade vor den Bomben versteckst, aber ich hoffe so sehr, Du findest einen halbwegs sicheren Platz und vor allem: Ich hoffe, Du bist noch am Leben. Gerade sehe ich auf dem Bildschirm jubelnde Iraker, die den Einmarsch der Soldaten begrüßen, und ich habe, als wäre es gestern gewesen, diesen glücklichen Taliban aus Zeiten des Afghanistan-Krieges vor Augen, der sich lachend den Bart abrasieren ließ. Die Macht der Bilder in solchen Kriegszeiten: Sie bewegen einen, obwohl man weiß, wie während der Schlachten gelogen und manipuliert wird.

Wieviel Elend wird hinter Bildern des Jubels ausgeblendet? Jubelt man nicht immer erst mal, wenn man dem sicheren Tod entronnen ist? Und hätten die Iraker nicht auch gejubelt, wenn man ihnen schon vor Jahren das Ende des Wirtschaftsembargos überbracht und sie mit Lebensmitteln und Medikamenten versorgt hätte?

Was denken sich wohl jetzt die Menschen in Saudi Arabien, Nordkorea, Usbekistan, Ägypten, Pakistan, Katarrh, Jordanien, die Verhungernden in Afrika, denen man keine Sekunde der Aufmerksamkeit mehr gönnt – wollen sie alle mit einer gigantischen »Mother of all Bombs« befreit werden von ihren tyrannischen und korrupten Regierungen? Oder wäre es ihnen lieber, man würde ihnen helfen, ihre bittere Armut zu überwinden, auf daß sie sich selbst emanzipieren und erheben können gegen die Potentaten?

Das alles ist Dir, Amir, verständlicherweise ziemlich egal, denn Deine Eltern und Deine fünf kleinen Geschwister haben wahrscheinlich nichts mehr zu essen. Ihr hattet nie Geld genug, Euch bereits vor dem Krieg mit dem Nötigsten zu versorgen. Zur Schule kannst Du ja jetzt nicht mehr gehen, obwohl wir uns vor nur zwei Monaten noch so gefreut haben, Dich von Deinem Chef, dem dicken Schmied in der Eisengießergasse, freikaufen zu können.

Aber Du wirst ja gerade befreit, Amir, vergiß das nicht.

Amerikanische und britische intelligente Bomben erlösen Dich, und wenn Du Glück hast, kannst Du schon bald den neuesten Schwarzenegger-Film sehen, Hamburger kaufen, Videokrieg spielen sowie CNN und MTV empfangen. Bald schon kannst Du lernen, was der Westen unter Wahrheit versteht. In der arabischen Welt sagt man zur Zeit: Erst bringt uns der Westen die Minen, dann die Minensuchgeräte, und dann verkauft er uns die Prothesen.

Ich weiß nicht, wie Deine Befreier Dir erklären werden, daß sie jeden Versuch der UNO in den letzten zwölf Jahren, das Wirtschaftsembargo gegen Dein Volk aufzuheben, unterwandert haben, und daß sie diesen Krieg schon lange geplant hat-

Konstantin Wecker mit Patensohn Amir, Januar 2003, Bagdad

ten. Und daß ihnen erst kurz vor Kriegsbeginn der geniale Schachzug eingefallen ist, daß es ja einzig um Freiheit und Menschenrechte gehe beim großen Morden. Kriege wurden immer mit hehren Zielen erklärt – erst viele Jahre später kommen die wirklichen Gründe ans Tageslicht.

Aber das interessiert dann keinen mehr.

Deine Befreier werden Dir erzählen, daß es ihnen immer nur um Demokratie und Freiheit ging, aber sie werden nicht davon sprechen, daß sie in vielen Ländern der Welt letztlich doch nur wieder Sklaverei und Ausbeutung verteidigt und befestigt haben. In großen Teilen der Welt haben Agenten der US-amerikanischen Regierung, in jahrzehntelanger Praxis, die vom Volk gewählten Politiker ab- und sie durch Militärdiktatoren ersetzt, Marionetten, die bereit waren und sind, ihr eigenes Volk an nordamerikanische Multis zu verkaufen. Ob im

Iran, als die CIA Mossadegh gestürzt hat, ob in Chile, Nicaragua, Vietnam – in all diesen Ländern haben sie die Demokratie verhindert und Menschenrechte mit Füßen getreten.

Das alles vollzieht sich in eiskalter Normalität, auch jetzt, während Bomben auf Dich hernieder prasseln, Bomben, die so viel gekostet haben, daß man von jeder einzelnen dieser Waffen Deine Familie für die nächsten hundert Jahre ernähren könnte. Kaum eine Fernsehsendung, in der nicht irgendein General oder Oberstleutnant a. D. ausgegraben wird, Lemuren der Gefechtsbereitschaft, die ach so kühl und ach so besonnen alles auf die engstirnige Logik der »Waffengänge« und »Konfliktbereinigung« reduzieren.

Ich bete zu Gott, daß Dir selber später der Kasernenhof erspart bleiben möge, diese Anstalt, in der jeder Mensch lernen muß, sich selbst zu verleugnen, um im Dienste einer Autorität »selbstlos« zu werden. Gott gebe, daß Du nie in eine Uniform, dieses äußere Zeichen innerer Leere und Entfremdung, schlüpfen und nie antworten mußt: Wenn mein Präsident es befiehlt, werde ich schießen.

Ich habe Deine Familie kennenlernen dürfen – sechs Menschen in einem feuchten, engen Loch –, Eure Gastfreundschaft und Eure Herzlichkeit. Ich bin Dir ein schlechter Pate, ich habe nichts erreicht und sitze wie benommen, umgeben von Wohlstand, vor dem Fernseher. Unfähig, Dir zu helfen. Wie gerne hätte ich, zusammen mit anderen Menschen der großen mächtigen Ohnmachtsfront, die Staatengemeinschaft überzeugt, daß man die Sanktionen hätte aufheben müssen, um einer wirklichen Emanzipation Bahn zu brechen.

Paß gut auf, Amir, denn nicht bei allem, wo Demokratie draufsteht, ist auch Demokratie drin.

Ich teile die Welt nicht in Gut und Böse auf, mein kleiner Freund, und ich halte Bush und die Seinen und die vielen kleinen Arschkriecher und Vasallen dieser Militärregierung nicht für böse. Ich halte sie für unreif und unfähig zu emotionaler Intelligenz. Sie sind sich selbst so fremd, daß sie die Anbindung des Denkens an ihr Gefühl verloren haben; sie sind so auch selbst von der Angst ergriffen, die sie verbreiten, so daß sie sich eine Welt ohne Gewalt und körperliche Überlegenheit nicht vorstellen können.

Und ihre Anhänger haben sich noch nicht von dem kindlichen Wahn befreit, man brauche immer einen großen, starken Bruder, um in dieser fremden und unbekannten Welt voller Bosheit bestehen zu können. Wir müssen diesen Menschen gleichsam helfen, erwachsen zu werden. Die Angst, die sie beherrscht, ist die ewige Angst der Machtgierigen. Was sie anderen auf dem Weg nach oben an Furcht und Schrecken einjagen, kehrt sich eines Tages gegen sie selber: Denn sie wissen, wie man nach oben kommt und daß man nicht oben bleibt. Fast könnte man sagen: Die Zeit hat sich geändert, die Zeiten bleiben die gleichen – Shakespeares Richard III. lebt in jedem noch so demokratisch gestylten Machthaber, dessen Aufstieg nicht auf wirklichem Frieden mit der Welt beruht ...

Amir, entschuldige bitte, ich habe mich in meinen Gedanken verloren. Dieser Brief ist kein Brief mehr ... Aber eigentlich geht es ja jetzt nur um Dich. Was in Deinem Land passiert ist, ist passiert. Ich werde zwar weiterhin nicht aufhören, für eine andere, gerechtere Welt zu kämpfen, aber zuerst mal will ich versuchen, sobald es möglich ist, Dich und Deine Geschwister zu finden. Ich wünsche Dir alles erdenklich Liebe, auf daß wir uns hoffentlich bald gesund wiedersehen.

Dieser Brief ist fiktiv. Ich würde nie an ein Kind schreiben, um es gewissermaßen nur als Projektionsfläche für meine eigene Befindlichkeiten zu benutzen. Das wäre in meinen Augen zynisch und selbstüberhebend, außerdem bilde ich mir ein zu wissen, was man einem Menschen in Amirs Lage schreibt und was nicht. Aber ich habe gemerkt, daß mir die Vorstellung, ihn anzusprechen, allen Zorn verstärkt hat, und das ist mir willkommen. Diese Anrede, diese fiktive Ansprache möge dazu beitragen, nie zu vergessen, auf welchen letzten solidarischen Endzweck all unser Denken, Analysieren und Kommunizieren hinzielen muß: Es geht um Nächstenliebe, alles andere ist Kommentar.

K.W.

ABER HEIT, ABER HEIT, ABER HEIT, HEIT HALT MA ZSAMM!

Willy (VI) – im Gespräch mit einem lebendigen Toten
Philharmonie am Münchner Gasteig, 2. April 2003

Woher kommen die Erinnerungen?
Irgendwo müssen sie doch ein Zuhause haben,
ehe sie wieder neue Gedanken werden.

Hanns Cibulka

Diese fortdauernden »Gespräche mit Willy«, deren aktuellste Fassung nun folgt, sind gesprochenes, teilweise gesungenes Wort. Basierend auf meinem Lied, das bald drei Jahrzehnte alt ist. Immer wieder ein »talking blues« und kein Essay. Entstanden jeweils aus momentaner Eingebung, aus Tagebuchgedanken, Gesprächen mit Freunden, während gewachsenen Zorns oder Mutes auf einer Tournee. Immer wieder der Veränderung unterworfen. Das Lied hat sich insbesondere vom 11. September 2001 an immer wieder verändert. Einmal hatte ich mir eine Rede für die Friedensdemonstration vorbereitet und mich dann einige Minuten vor dem Auftritt entschlossen, den Inhalt dieser Rede in das Lied einzubauen und alles, was mich bewegt, wieder mal meinem Freund Willy zu erzählen.

Es gibt viele gute Gründe, so einen Song nicht schriftlich weiterzugeben. Aber die Nachfrage war einfach zu groß, um stur zu bleiben. Und es käme mir auch fast schon unverschämt vor, darauf zu warten, daß jemand das Lied mitschneidet und dann in mühevoller Arbeit abtippt. Also bleibt mir nur die Bitte, diesen Text als Nachlesetext zu verstehen, zum Vertiefen dessen, was man im Konzert gehört hat. Würde ich diese Gedanken für eine Zeitung zu Papier bringen, so würde ich sicher etwas anders formulieren und gewisse Textstellen exakter belegen. Aber die Gespräche mit Willy sind ein Song und kein Referat, und das soll auch so bleiben.

Konstantin Wecker

Mei, Willy, jetz wo i di so doliegn sich, so weit weg hinter dera Glasscheibn, genau oa Lebn zweit weg, da denk i ma doch, es hat wohl so kumma müaßn, i glaub oiwei, du hast as so wolln, Willy.

Ogfanga hat des ja alles 68, woaßt as no: Alle zwoa san ma mitglaffa für die Freiheit und fürn Friedn, mit große Augn, und plärrt habn ma: Bürger laßt das Glotzen sein, kommt herunter, reiht euch ein! Und du warst halt immer oan Dreh weiter wia mir, immer a bisserl wuider und a bisserl ehrlicher. Mia habns eana zoagn wolln, Willy, und du hast ma damals scho gsagt: Freiheit, Wecker, Freiheit hoaßt koa Angst habn, vor neamands, aber san ma doch ehrlich, a bisserl a laus Gfühl habn ma doch damals scho ghabt, wega de ganzen Glätzen, die einfach mitglaffa san, weils aufgeht, wega de Sonntagnachmittagrevoluzzer: d'Freindin fotzen, wenns an andern oschaugt, aber über de bürgerliche Moral herziagn! Die gleichn, Willy, die jetzt ganz brav as Mei haltn, weils eana sonst naß nei geht! Und du hast damals scho gsagt, lang halt des ned, da is zvui Mode dabei, wenn scho die Schickeria ihrn Porsche gegan 2 CV umtauscht, dann muaß was faul sei an der großen Revolution, mitlaffa ohne Denken ko hofft ma guat sei, aa ned für a guate Sach.

Gestern habns an Willy da' schlogn,
und heit, und heit, und heit werd a begrobn.

Ja Willy, des is lang her. Über 25 Jahre ist das her, daß dich die Nazis erschlagen haben. Trotzdem – damals schien es fast, als gäbe es kein wirkliches Neonaziproblem in Deutschland. Was für ein gefährlicher Irrtum: »Deutschland den Deutschen«, grölt's durch Eberswalde, und mit Baseballschlägern und Messern geht's den Negern an den Kragen. Die laufen um ihr Leben, Willy, aber oan dawischns no, und Eberswalde schweigt dazu, denn a bisserl lästig war'ns halt doch, die vielen Neger, und dann kreisen sie den Amadeu ein und schubsen ihn herum, ja ma wird doch an so an Neger noch a bissen schubsen dürfa, und der Antonio Amadeu Kiowa versteht die Welt nicht mehr und zittert und schreit, und Eberswalde schweigt dazu, aber Deutschland gehört nun mal den Deutschen. Klar, sie haben sich's ja alle verdient, ein sauberes, ein reiches Land, und dann ziehen sich die Glatzen Kapuzen übern Kopf und binden sich Tücher vors Gesicht, wie im richtigen Kino, und dann springen sie dem Amadeu mit ihren schweren Stiefeln ins Gesicht, immer und immer wieder. Willy, mein Gott, Willy, mir kanntn di wieder so braucha, wir alle braucha doch oan wies du oana bist, Willy, da muaß doch was gscheng, da müaß ma doch was doa, alle miteinander:

Gestern habns an Amadeu daschlagn,
aber heit, aber heit, aber heit, heit halt ma zsamm.

Was für ein schöner Traum – vom »Zsammhalten«.

Und dann – der Tag, der die Welt verändert hat, und ich hab dich wieder in deiner ewigen Ruhe gestört und dir alles erzählt, was mir auf der Seele lag. Ein paar wahnsinnige, verblendete, gehirngewaschene Verbrecher haben am 11. September das World Trade Center mit Verkehrsmaschinen in die Luft gejagt und über 3000 Menschen hingemetzelt. Entsetzlich. Viele haben den Schrecken zum Anlaß genommen, wirklich über die Hintergründe des grausamen Terrors und unsere buchstäblich überflüssige Lebensweise nachzudenken. Andere haben das ausgenützt, um die Welt mit Gewalt neu zu ordnen ...

Die Bevölkerung fast aller europäischen Staaten war mit überwältigender Mehrheit gegen den Irak-Krieg. Du hättest dabei sein müssen, Willy, wir haben dazugelernt, Willy, wir wissen, wo und wie wir uns informieren müssen, und auch wenn uns immer noch manche verhöhnen und als Gutmenschen abqualifizieren – sie verstehen nichts von Demokratie. Gewaltfreier Protest, Ungehorsam und Zivilcourage sind nun mal die wirkungsvollste Waffe einer Demokratie und ihr unerläßliches Regulativ.

(...)

Wir Europäer und unsere Freunde von der amerikanischen Friedensbewegung konnten den Krieg nicht verhindern, Willy. Das Abschlachten der Menschen im Irak heißt nun »irakische Freiheit«. Fast jeder der Putschisten aus dem Pentagon hat seine Finger in einer Firma stecken, die am Krieg oder am Wiederaufbau Geld verdient. Aber die Befreier des Irak sind natürlich »edelmütig und uneigennützig«, sind »wahre« Christen, und es ist ihnen »nur« daran gelegen, das Land vom Tyrannen zu befreien. Sie vergessen zu erwähnen, daß dieser schreckliche Tyrann Saddam ihr hausgemachter Frankenstein ist, ihr hausgemachtes höllisches Werk, dem sie all die schrecklichen Waffen in den Schoß gelegt haben, die sie jetzt so heldenhaft bekämpfen. Wer ist eigentlich verwerflicher – der Dealer oder der Konsument?

Die Weltgemeinschaft war gegen den Krieg, und die Amerikaner und Briten haben mit ihrer Entscheidung die Demokratie, die sie dem Irak jetzt bringen wollen, zutiefst gedemütigt. Heute, am 14. Kriegstag, sind bereits über 100000 unterernährte Kinder und Schwangere in größter Gefahr. Sie werden verdursten oder am verseuchten Wasser des Tigris tödlich erkranken, wenn nicht sofort Hilfe kommt. Und nun frage ich mich, ob verwundete und psychisch traumatisierte Kinder wirklich der Nährboden für eine friedliche Welt sind, oder

US-Soldaten vor getöteten Irakern (sie hatten die weiße Fahne gehißt!)

nicht eher der Humus, aus dem weiter, direkt oder langsam, Terror und Gewalt erwachsen. Weil der Haß auf den Westen wachsen wird. Vierzig Prozent der Iraker sind unter vierzehn Jahre alt, und wer mit dem Lärm der Bomben groß wird, wird schwerlich die Hände zur Versöhnung ausstrecken, die gewohnt sind, sich an Gewehre zu klammern.

Überall auf der Welt gibt es Kinder, die nie eine Kindheit hatten und statt dessen mit Minen und Verstümmelungen, Nationalismus und Haß groß geworden sind. In Kambodscha prägen durch Landminen verkrüppelte Kinder das Straßenbild. Die sie gelegt haben, die Befreier, weigern sich bis heute, ein Abkommen gegen diese Minen zu unterzeichnen. So wie sie sich überhaupt fast allem verweigern, was die Weltgemeinschaft an humanen, völkerverbindenden Ideen einbringt. Das ist es, was mich so unendlich wütend macht, diese Ungerechtigkeit einer Macht, die auf Grund ihrer Stärke jedes Recht zu ihren Gunsten beugt.

Und trotz alledem, ich glaube weiterhin daran, daß eine friedliche Welt möglich ist – man muß sie nur erfinden. Und das sofort. Wir dürfen gerade jetzt nicht aufgeben, an uns zu glauben. Frieden braucht Mut. Mut zur Wahrheit und den Mut, sich selbst zu verändern. Und vielleicht werden wir dann einmal einen Präsidenten der Vereinigten Staaten von Amerika erleben, der seine Reden nicht mehr beschließt mit den Worten: »Gott schütze Amerika« – sondern voll innerer Überzeugung sagt: »Gott schütze die Welt.«

(Auszug)

ES ZÄHLT NUR, WAS MAN SELBER LEBT

Ein Interview von Hans-Dieter Schütt, Februar 2003

Ich habe viel mehr Macht, als ich glaube,
und eine andere, als ich glaube.

*

Bin ich gescheitert?
Aber was habe ich denn gewagt?
Und was ist Scheitern?

*

Seit Vietnam werden die Amerikaner nur noch
zum Beten, Boomen und Bomben erzogen.

Peter Handke

HANS-DIETER SCHÜTT: Konstantin Wecker, Sie sagen, Stille sei ein Weg, sich selber und die Schönheit der Welt zu entdecken. Wie steht es um so einen Satz nach Ihrer Reise in den Irak, von der Sie gerade zurückgekommen sind?

KONSTANTIN WECKER: Ich empfinde die Wahrheit dieses Satzes noch eindringlicher. Unmittelbar nach der Reise war ich kaum fähig, einen Morgen meditativ zu beginnen. Das tue ich sonst immer. Was mir nach dem Irak-Aufenthalt wieder zu Bewußtsein kam: Die großen Hinderer an innerer Arbeit sind vor allem die vielen kleinen Egoismen.

Wie meinen Sie das?

Der Kulturschock war für mich nicht die Reise selbst, sondern die Rückkehr ins Vertraute. Denn wenn das Vertraute die Oberhand über uns gewinnt, ist das immer eine Gefahr: Wir verlieren jenen Sinn für das Fremde, der uns zu uns selber in Distanz bringt. Wir hier im Westen sind doch hoffnungslos überladen mit Unwichtigem – in Bagdad dagegen sah ich Leben, konzentriert aufs Wichtige: zu überleben.

Konzentriert? Doch eher: reduziert.

Natürlich sehnen sich die Menschen dort nach vielem, was wir im Westen ganz selbstverständlich besitzen, und ich will nicht etwa bittere fremde Not zur asketischen Tugend eines Satten erklären. Ich bin kein Zyniker. Aber man schleppt die eigene Welt mit, wohin man auch fährt, und man bezieht von daher seine vergleichenden Eindrücke, die kritisch auf die eigene Welt zurückwirken. Als ich wieder hier war, sehnte ich mich geradewegs zurück nach Bagdad.

Das ist ein Satz, der zum Mißverständnis geradezu einlädt.

In Bagdad herrscht Handyverbot. Es gibt kein Fernsehen, denn Staatsfernsehen ist keines, und also sucht Irak auch nicht den Superstar. Und: Auf den Straßen wird man nicht von Werbung erschlagen.

Aber doch von Saddam-Bildern.

Ja, aber diese Art Ikonodulie übersieht man schnell, dahinter steckt nicht jener Terrorismus der Konsumwelt, der mir hier so auf den Nerv geht. Wer nur die Hussein-Fotos sehen will, nicht die Andersartigkeit einer orientalischen Welt, der tut der dortigen Realität Unrecht.

Peter Handke fuhr vor Jahren nach Serbien, wurde gescholten wie Sie. Er reiste aus »Schrecken, Kummer, Mitgefühl«.

Das trifft auch meinen Impuls. Ich wollte sehen, was von der Weltöffentlichkeit geächtet wird. Ich wollte nicht vorurteilend beobachten und wissend Ideologie betreiben, ich wollte etwas auf mich wirken lassen, den Alltag der Menschen sehen. Ich will, ganz im Sinne Handkes, einfach nicht mithassen. Nun spüre ich, um noch mal auf Ihre Anfangsfrage zurückzukommen, daß ich die Stille dringender denn je bräuchte.

Ist das ein Rückzug von der Welt?

Nein, eine Antwort auf sie. Sich selbst zu begegnen, sich seiner selbst zu vergewissern in einer westlichen Hemisphäre, die alles Individuelle in die Perversität treibt und es damit vernichtet – das ist für mich auch eine entscheidende Form des Widerstandes. Gegen diesen Zustand der Welt, den wir mit verantworten.

Also: sich nicht vereinnahmen lassen.

Was niemand hören will: Wir westlichen Menschen zahlen einen arg hohen Preis für die Privatisierung aller Sehnsüchte nach einem besseren Leben. Wir sind auf der Suche nach dem besonderen Moment, dem letzten Kick ...

Mit allem, was Sie bisher im Interview äußerten – mit der Irak-Reise sowieso –, bestätigen Sie einen Anachronismus: den Künstler, der sich außerhalb seiner Kunst zum Bekenntnis verführen läßt.

Warum sollte man sich nicht zum Guten verführen lassen! Die Postmoderne hat alle Standpunkte relativiert, das war ein heilsamer Prozeß gegen die Behauptungsdiktatur der Ideologien. Aber ich finde es furchtbar, daß diese Relativierung zu einer zynischen Übertreibung ausgewachsen ist. Es zählt offenbar nur noch die radikal außergesellschaftliche Selbststilisierung.
Inzwischen wird jedes politische Engagement als Lächerlich-

keit abgestempelt. Mich schreckt das nicht ab. Ich will mich bekennen.

Welches ist Ihr Ansatz, sich in der Friedensbewegung zu engagieren?

Ein unideologischer. Ich trenne nicht in gerechte und ungerechte Kriege.

Sie sind gegen jeden Krieg?

Ich kann keinen Krieg taktisch rechtfertigen: Opfern wir mal Tausende, um eine Million Menschen zu befreien. Solch ein Denken verhindert das Gespräch über den einzelnen Menschen. Petra Kelly sprach davon, mit dem Herzen zu denken.

Zynisch könnte man sagen: Sieh an, erst ein bevorstehendes Schlachten (es fehlen ja nur noch ein paar Wochen!) bringt Millionen Menschen in der Öffentlichkeit zusammen; stets erst kurz vor der Katastrophe erinnert sich der Mensch daran, daß er gefährdete Menschheit ist.

Krieg bedeutet stets nur zeitweilig eine Lösung, deshalb gibt es ja regelmäßig den nächsten Krieg. Aber warum wird er immer wieder, trotz aller Erfahrungen mit ihm, als scheinbar einzige Alternative zur mühsamen Diplomatie gesehen? Es geschieht immer dann, wenn für herrschende Politik das Chaos der realen Unvereinbarkeiten in einem Land, in einer Region, in der Welt unerträglich wird.

Dem zugrunde liegt offenbar der Wunsch nach Unterdrückung einer Widerspruchsseite. Weil man Widersprüchlichkeit nicht aushält.

Es gibt eine fatale politische Sehnsucht danach, eine Angelegenheit ein für allemal, möglichst ohne Beschädigung der eigenen Position, zu klären und aus der Welt zu schaffen. Etwa den Terrorismus. Das Ergebnis aber ist meist ein falscher Frieden. Wahrer Frieden bestünde nämlich nicht in der absehbaren Lösung eines Problems, sondern in der gemeinsamen Ausbildung der Fähigkeit, mit einem noch so großen, verzweiflungsschweren Problem doch gewaltlos und auf längere Zeit leben zu können und also auszukommen mit der elenden Bürde zahlreicher Unverträglichkeiten zwischen Menschen, Parteien, Gesellschaften, Völkern, Kulturen. Als Reaktion auf Blut nicht immer nur wieder Blut zu vergießen.

Frieden wäre: zu wissen und daraufhinzu handeln, daß jede Lösung eines Konflikts immer nur eine vorläufige sein kann? Weil damit ja nur neue Konflikte vorbereitet und also noch weit kompliziertere Problemfelder aufgemacht werden?

Ja. Frieden ist nicht Ruhe, sondern Unruhe. Ruhe schafft nur ein Krieg, aber nicht umsonst spricht man nachher von der geklärten Lage als von einer Friedhofsruhe.

Das ist interessant, in mir werden da Erinnerungen wach. Im Jahre 1989 schrieb der Essayist Friedrich Dieckmann in der DDR-Zeitung »Neue Zeit«, besagte Unruhe des Friedens sei »die Grundbefindlichkeit produktiven Vorankommens«, so wie Krieg »der trügerische Ruhestifter der Furchtsamen« sei. Dieckmann: »Let peace come all over the world – das meint nicht: Laßt Ruhe werden auf dem Globus. Sondern es mahnt an, Unruhe auszuhalten, ohne Bedrohung zu empfinden.« Bekenntnis zum Frieden ist also das Bekenntnis zur absehbaren Unklärbarkeit dessen, was uns auf dieser Erde zusammenschmiedet.

Israel-Palästina, Nord-Süd, Arm-Reich – es gibt momentan

offenbar nur noch das umsichtige Ausleben der Brüchigkeit. Mehr als schrittweises Abarbeiten von Teilaspekten, mehr als mühsames Ausgleichen ist nach Scheitern der bereits erwähnten kollektiven Weltentwürfe nicht mehr drin. US-amerikanischer Wahn, der gewaltsam »Demokratie« durchsetzen will, wird diesen Terrorismus nur verschärfen. Die kleinen und mittleren Herrscher dieser Erde werden jetzt die Rüstung immens ankurbeln, um sich gegen so etwas besser zu wappnen, was die USA mit dem Irak machen wollen. Der Terrorismus wird zunehmen, denn Erfahrung macht den Haß, nicht die Ideologie.

Wer sagt, Krieg sei keine Lösung, der möge sich im übrigen daran erinnern, daß der Frieden immer ungeliebter war als die Drohung mit Gewalt. Das gilt für Kapitalisten wie für Kommunisten. Man machte nicht mit jedem freiwillig Frieden, weil man genau wußte: Jeder Frieden macht porös, weicht eigene Grenzen auf, durchlöchert schützende Mauern, läßt Köpfe heller, fragender werden. Unbequem das alles – und gefährlich für jede herrschende Macht.

Wir sind da an einem idealischen Punkt: Wahrer Frieden bestünde in letzter moderner Instanz darin, daß jede Gesellschaft, jede Kultur mit ihrer selbstbewußten Existenz die vereinnahmende Ambition des jeweilig anderen behindert. Sich gemeinsam schwach machen, das ist es. Nicht Drohkulissen verstärken, sondern Selbstverkleinerung betreiben. Ich bin schwach, ich gebe nicht nach – das sind die neuen Siege der Politik. Freilich muß dafür ein einziges Mal das alte, tödlich archaische Grundmuster aufgebrochen werden. Wer aber macht den Anfang? Politik müßte etwas sein, das mir etwas klar macht, was ich, bevor ich eine bestimmte Entscheidung treffe oder Handlung ausübe, nicht gewußt habe über mich. Politik wäre dann nicht Überzeugung, gar Überwindung des anderen, es wäre in erster Linie Selbstforschung, Selbstnachfrage.

Sehr ideal, Herr Wecker, sehr ideal. Aber Sie haben Recht, Martin Walser sagt zum Beispiel: »Warum sind Politikerreden das sprachlich Matteste, was wir kennen? Weil der Politiker geradezu darauf angewiesen ist, Recht zu haben, beziehungsweise den Eindruck zu vermitteln, er habe unter allen Umständen Recht. Die am meisten verhindernde Art des Rechthabens ist die moralische. Den Eindruck erwecken müssen, man sei der bessere Mensch.« Und er sagt, es sollte Brauch sein und Kultur genannt werden, daß jemand, der etwas behauptet, das, was er behauptet, auch widerlegt. Alles, was ihm einfällt gegen das, was er behauptet, soll er genauso gründlich tun wie die Behauptung selber. »Wenn er uns dann überzeugt von seinem Selbstwiderlegungsernst, und es bleibt trotzdem noch etwas übrig von dem, was er behauptet hat, dann hat er uns wahrscheinlich für seine Behauptung gewonnen.« Schlußsatz Walser: »Daß das je praktiziert wird, ist unter unseren Umständen nicht zu hoffen.«

Aber in solchen Gedanken lag die Hoffnung des 12. September 2001.

In gewisser Weise enthüllte der Tag davor, der 11. September, was seit dem Zusammenbruch der Sowjetunion längst Wirklichkeit geworden war: die beispiellose Vorherrschaft einer einzelnen Macht. Und er enthüllte den alten, aber ständig wachsenden Hass, den diese Macht in der islamischen Welt auf sich zieht.

Dieser Tag war ein Angriff auf die Moral: Wer hätte am 10. September erwartet, zu Weihnachten einen Leitartikel in der »Herald Tribune« zu lesen, der gänzlich unbefangen das Für und Wider des Einsatzes von Folter gegen gefangene »feindliche Kombattanten« diskutiert? Wer hätte erwartet, daß Großbritannien die Doktrin des Verzichts auf den atomaren Erstschlag in Frage stellt? Der Terrorismus untergräbt die Moral, und er untergräbt die Vernunft. Osama bin Laden ist ein identifizierbarer Typus Mensch, aber in einer nichtidentifizierbaren Größenordnung. Er ist durchaus ein gewaltiger »Aufrührer«.

Man könnte auch sagen, am 11. September sei Amerika von etwas sehr Fremdem und unglaublich Radikalem heimgesucht worden. Von einem neuartigen Feind, für den der Tod nicht Tod ist, aber auch das Leben nicht Leben, sondern nur eine Zwischenstation, eben nur jenes Etwas, das zufällig Welt genannt wird.

Ja, und niemand wird erwarten können, daß eine so heftige weltgeschichtliche Erschütterung, die noch unbestimmte Zeiten nachhalten wird, mühelos zu bewältigen wäre. Doch es bleibt und härtet sich der Verdacht, daß Amerika nicht rational handelt, sondern wie jemand, der noch unter Schock steht.

Wahrer Frieden – vielleicht ist das zukünftig nur noch so etwas wie der unbewaffnete Krieg gegeneinander, der die natürlichen Todesarten höher schätzt als die unnatürlichen.

Und Toleranz ist nichts anderes als der Mut, auf den eigenen Standpunkt nicht zu verzichten, aber doch zu wissen, daß er sich als einzige Wahrheit nie durchsetzen wird. Je reiner die Wahrheit, die einer besitzt, desto böser wird er auf die, die an seine Wahrheit nicht glauben.

George W. Bush zum Beispiel blickt in die Kameras wie ein Mensch, der uns immerfort sagen möchte, daß ihm der Weltfriede anvertraut wurde.

Das ist genau jenes Selbstbewußtsein, das Kriege ermöglicht. Der Weltfriede fängt aber wahrscheinlich dort an, wo Menschen von sich wissen, daß man ihnen alles anvertrauen darf – nur nicht den Weltfrieden. Also, wenn ich mich so bedenke manchen Morgen, und dann verantwortlich für den Weltfrieden? Lieber nicht.

Kann man überspitzend sagen: Nicht Kompetenz hält die Welt am Leben, sondern der Inkompetenzkomplex? Das Wissen darum, im Finden von endgültigen Lösungen überfordert zu sein?

Das gilt im Winzigen wie im Ganzweltlichen. So sind Rosenkriege zu verhindern und Weltkriege. Wir leben in total verkehrten Verhältnissen und müssen uns dareinfinden. Herumpuzzeln. Müssen Ohnmachtsfantasien entwickeln. Alles daran setzen, unvollkommen zu bleiben. Die Ästhetik des Widerstandes hat die Demokratie geschaffen, nur eine Ästhetik des Unterlassens kann sie heute als hohen Wert bestätigen. Robert Musil suchte einst das Ich neu hinter der Eigenschaftslosigkeit; heute könnte es heilsam sein, wenn sich Politiker lieber mit ihrer Eigenschaftslosigkeit abfinden, als dahinter nach irgendeinem Heldischen zu kramen.

Was Politik also im besten Falle sein könnte nach Jahrhunderten ihrer evolutionären Machtverderbnis: nur noch egozentrischer Sanftmut. Nüchterner Positivismus.

Die CDU wirft der SPD-Außenpolitik derzeit fortwährend Hektik, Unübersichtlichkeit, Unorganisiertheit, Feuerwehrmentalität, Pannen vor. Ja, genau darin besteht doch der Frieden. Schon gar jener, der einer der letzten Sekunden einer Ablauffrist ist. Unbefriedigend, nervenaufreibend, wenig verheißungsvoll und kein sehr großer Anstrich von Klugheit. Ein Stolpern. Das ist das Schrittmaß in die Zukunft. Krisenmanagement mit Schweiß auf der Stirn. Wir sitzen alle im Glashaus. Und wer im Glashaus sitzt, sollte alle Steine werfen. Und zwar hinaus.

Im kaputten Glashaus leben – das ist ja nun überhaupt keine Lösung.

Aber vielleicht sieht so der derzeit einzig mögliche Frieden aus.

Konstantin Wecker, in den Medien fällt bei diesem Thema, also dem drohenden Krieg gegen den Irak, eine bemühte Objektivität und Unberührtheit auf. Kaum Herzensregungen. Im DSF-Sportfernsehen wollte Fußballtrainer Udo Lattek kürzlich einen Satz zum US-bedrohten Irak sagen, der Interviewer reglementierte ihn betont locker, also zutiefst verunsichert: Das Thema solle man doch lieber den Kollegen vom politischen Ressort überlassen.

Das ist das erschreckend Bemerkenswerte an einem speziellen Journalismus in Krisenzeiten: Manche Kommentatoren strahlen eine Sicherheit aus, eine Gewißheit, eine Unangreifbarkeit – man könnte Minderwertigkeitskomplexe kriegen.

Von einer bestimmten Ausdeutungsgilde ins edelste Wortgut gebunden, verliert der Übermut der Mächtigen alles Brutale und fühlt sich plötzlich an wie Vernunft und Sitte.

Aber das genau ist dieses abstrakte Denken. Im abstrakten Denken bleibt der Denker als Person draußen. Zu Hause in den eigenen vier Wänden ist er der ungereimte Mensch, in seinem öffentlichen Denken aber wirkt er perfekt, durchgehend richtig.

So ist der Mensch?

Nein. Auch wenn Sie den Sozialismus anführten: Dies ist der Widerspruch einer zutiefst westlichen Kultur: keine Schwäche zeigen!

Nur jemand, der sich zuständig fühlt, kann sich also auch nur weiterentwickeln.

Zwei Worte bitte: weiter entwickeln! Aus den Verknotungen heraus, in die der öffentliche Rollenzwang uns preßt. Nur wer dem Schatten jener Bedenklichkeiten nicht ausweicht, die das eigene Leben verdunkeln, ist für mich ein glaubwürdiger Mensch. Nur das Offenlegen meiner eigenen Verkrümmungen ermöglicht Toleranz. Ich kenne kein Verbrechen auf der Welt, das nicht auch in meiner Brust seinen Schlupfwinkel hätte.

So wie uns auf einer Autobahn nur die glückliche Fügung heil über eine Hundert-Kilometer-Strecke bringt, so werden wir durch ebensolche Fügungen davor bewahrt, unmittelbar an Mord und Totschlag beteiligt zu sein?

Ja. Im Fernsehstudio würde ich gern jeden Irak-Krieg-Befürworter fragen, der bei einem »Befreiungsschlag« Opfer für unvermeidlich hält: Opfern denn Sie sich? Würden Sie sich so frech erweisen, meine Kinder zu opfern? Ich fühle mich einer Kriegsgefahr gegenüber einfach nicht frei. Ich kann nicht sachlich bleiben.

Peter Handke sagte nach seiner Serbien-Reise: »Mein Gefühl ist, daß sich die Journalisten selber nicht mehr ertragen. Und daß sie dadurch in der Falle sitzen. Daß sie sich nicht leiden können. Und wenn man sich selber nicht leiden kann, wird man natürlich nicht gut. Ist man keine gute Existenz. Und das wird irgendwann einmal explodieren, dieser Journalismus. Oder implodieren. Vielleicht sind wir jetzt in einer Periode von Spät-Rom, mit den Amerikanern als einziger Weltmacht, und dieses Spät-Rom wird ewig existieren. Und es gibt keine Ostgoten oder Westgoten oder Vandalen. Leider. Vielleicht waren die Vandalen gar nicht so schlecht in dem Moment der

Geschichte. Aber heute sind wahrscheinlich die Medien selber die Vandalen. Und sie treten als Menschenrechtsschützer auf.«

Bush betont jetzt immer seine religiösen Beweggründe, so kommt er besser damit zurecht, daß er in intellektueller Hinsicht eine Null ist. Er möchte, daß die Welt das Öl vergißt und daß Weltpolitik weniger mit dem Intellekt als mit Bauchinstinkten und Glaubensüberzeugungen zu tun hat.

Er sagte kürzlich, er hasse den koreanischen Führer Kim Jong Il und fügte hinzu, diese Abscheu sei bei ihm »ganz instinktiv«.

Wir werden sehen, dieser Präsident wird von Tag zu Tag religiöser und theologischer.

Er tritt wie alle Präsidenten als »Wiedergeburtschrist« auf. Bei seinen Gebetsfrühstücken tönt es nur so: »Der liebende Gott hinter allem Leben und aller Geschichte«; »die Freiheit, das Geschenk des Allmächtigen an die Welt«; »Möge Er uns nun führen«. »Daß ich Christus angenommen habe«, formuliert Bush als Code für das persönliche Erweckungserlebnis, »ist untrennbarer Bestandteil meines Lebens«. Der britische Schriftsteller Martin Amis, der als brillantester Provokateur der neueren britischen Literatur gilt, hat geschrieben, Bush sei religiöser als Saddam. »In dieser Hinsicht ist er der psychologisch primitivere der beiden Präsidenten. Wir hören von der erfolgreichen ›Texanisierung‹ seiner republikanischen Partei. Und erinnert Texas nicht manchmal an ein Land wie Saudi-Arabien, mit seiner Hitze, seinem Ölreichtum, den vollbesetzten Bethäusern und seinen wöchentlichen Hinrichtungen?«

Es ist ja aufschlußreich, daß es mit Korea, einem Land mit einsatzfähigen Atomwaffen, diplomatische Unannehmlichkeiten gibt, aber beim Irak spricht man von einer »Krise«. Ganz klar: Man hat Angst vor Korea, die Koreaner könnten zum Beispiel

Seoul im Süden ausradieren – der Irak aber ist zu ähnlich vorstellbaren Zerstörungen doch gar nicht in der Lage, darum kann man ihn angreifen.

Wie im Kalten Krieg: Sobald ein Land das riskante Werk der Beschaffung von Massenvernichtungswaffen verrichtet hat, wird es unangreifbar. Eine einzelne, noch nicht getestete Atombombe kann fatal für ein Land sein. Fünf oder sechs Atombomben jedoch sorgen für Abschreckung.

Daraus folgt logisch, daß Amerika in den Krieg gegen den Irak ziehen will, weil er keine Massenvernichtungswaffen besitzt.

Halten Sie eigentlich Afghanistan für befreit?

Zum einen ist der Krieg dort offenbar noch nicht zu Ende, zum anderen beherrschen jetzt andere Warlords das Volk: In jedem Fall ist »erreicht«, daß Opiumanbau und Drogenhandel wieder blühen: zum Wohle der Geheimdienste, die sich ohne die astronomischen Gewinne aus den Drogen schwerlich finanzieren könnten.

Angesichts dessen, was Sie bisher gesagt haben, nehme ich an: Sie glauben kaum noch an politische Bewegungen.

Einstein war der Meinung, mit jenem Denksystem, mit dem wir die jetzige Welt geschaffen haben, können wir keine neue, bessere schaffen. Und der Zustand dieser Welt könnte ja katastrophaler nicht sein. Wir haben die größtmögliche Ungerechtigkeit. Ein gigantisches atomares Waffenlager ist über die Welt verstreut. Wir gehen mit dem Klima katastrophal unbedenklich um. Wir sind am Ende unserer Ressourcen. Was soll noch kommen! Drei Milliardäre haben zusammen so viel Geld, wie sich andererseits auf eine Milliarde der Ärmsten verteilt. Das ist obszöner Reichtum, weil er nur durch Ausbeutung entstanden sein kann. Also, um auf Einstein zurückzukommen: Es müssen die Denkstrukturen geändert, es muß eine neue Option gewählt werden.

Wir haben uns ja darüber unterhalten: Auch alles, was nach dem 11. September 2001 getan wurde, war zu großen Teilen alte Denkstruktur.

Ich gestehe deshalb, daß ich, letztlich, nur mehr an den einzelnen Menschen glaube, nicht mehr so sehr an Bewegungen.

Das wird die Welt wenig verändern.

Die jetzige Welt ist zu großen Teilen ein Ergebnis des Kampfes von politischen Bewegungen. Und das Resultat? Links und Rechts haben sich nicht geschont, die Welt aber eben auch nicht.

Links und Rechts sind Ihnen egal?

Ja, wurscht. Außer Rechtsaußen. Hauptsache, man ist als Einzelner willens, gegen einen herrschenden Wahnsinn vorzugehen.

Vernunft ist nicht an Gesinnungsfronten gebunden.

Und sie ist länger auf der Welt als alles Linke oder Rechte. Wobei ich jetzt hinzufügen muß: Die Linken sind mir natürlich, trotz allem, nach wie vor sympathischer. Ihre Basis ist der Traum, ein Mensch sei vielleicht doch mehr als nur der ewige Sisyphos. Meine Vorstellung von einer gerechteren Welt sehe ich in den Gedanken der Rechten nicht mal andeutungsweise verwirklicht.

Sie sagen: der Einzelne ... Der Einzelne aber ist schwach.

Trotzdem: Bewegungen tendieren zur Ideologisierung und verlieren daher an Impulskraft. Wir haben doch darüber geredet: Lieber friedlich durchwursteln als diese klaren Schneisen schlagen wollen, die immer nur fatal unmenschlich als Hauptstraße der Geschichte gedacht werden.

Ich wiederhole: Der Einzelne ist schwach.

So pauschal ist das falsch. Es gibt im übrigen eine Gemeinschaft von Menschen, deren »Mitglieder« erkennt man schon beim Aneinander-Vorbeigehen an den Augen. Der stille Klub der sich Verstehenden wird größer! Der Kosmopolitismus des Marktes wird einen moralischen Kosmopolitismus hervorbringen – das ist meine Hoffnung. Mit der Ausbreitung der Marktwirtschaft ist die Hemmschwelle gegenüber Grausamkeiten gesunken – aber auch der Kreis der Menschen, für die man Mitgefühl hat, wird sich vergrößern. Freilich: Erst wenn man ein Mitgefühl für sich selber entwickelt, kann man auch zu einem wahren Mit-Gefühl für andere gelangen. Und dieses Mit-Gefühl beginnt bei dem Gedanken, daß politische Barrieren nicht das Wichtigste sind.

Sie plädieren für spirituellen Wandel.

Der Ansatz dafür ist scheinbar banal: Zuallererst, im alltäglichen kleinen Leben, Frieden mit sich selbst schaffen! Aber wie schwer ist das! Wie viel Egoismus schleicht sich selbst in den hinein, der zu edelster Tat ansetzt. Veränderungswille und Verantwortungslosigkeit kommen im Menschen immer gleichzeitig vor. Arbeit an sich selbst fordert daher ein ständiges Neben-sich-Stehen.

Ohne zum kühlen Ironiker zu werden.

Buddhisten sprechen von Achtsamkeit.

Zitat Wecker: »So lange wir unsere eigenen inneren Konflikte nach außen tragen, kann die Macht des kriegerischen Denkens nicht gebrochen werden.«

Ja. Auch mit Abermillionen Toten werde ich doch den Feind in meinem Innern nicht besiegen. Wirklicher Trost ist nur, wenn ich irgendwann zur Vergebung fähig bin.

Klingt sehr fern.

Frieden ist fern. Verzeihen ist ein fast übermenschlicher Akt, denn unser Ego wehrt sich dagegen. Dieses Ego wird ja geradezu bedeutungslos, wenn es sich nicht weiterhin an einem Feind bestätigen kann. Das lehren alle Militärs, die ich deshalb für zutiefst unsoziale Wesen halte.

Es geht darum, zu begreifen, daß man nur so viel an Welt verändert, wie man an sich selber verändert?

Es zählt nur, was man selber lebt. Nichts weiter. Für spirituelle Menschen kommt übrigens ab einem bestimmten Punkt die Konsequenz des Handelns. Und das heißt, zum Beispiel, sich für einen Quadratmeter der Dritten Welt persönlich verantwortlich zu fühlen. Das kann man verlachen, man kann's aber auch einfach tun.

Mit dem Ziel: weniger Haß?

Es gibt da einen wunderschönen sibirischen Gedanken: Haß ist, wenn man tödliches Gift nimmt und meint, damit einen anderen umbringen zu können.

Sie hassen nicht diejenigen, die jetzt auf einen Irak-Krieg zusteuern?

Wahnsinnigen Zorn habe ich! Man spricht von hellstem, also erhellendem Zorn – spricht man auch vom hellsten Haß?

Nein. Eher von dumpfem Haß.

Sehen Sie.

Sie deuteten es an: Man macht sich oft lustig über spirituell lebende Menschen.

Soll doch erstmal jemand so einen asketischen Weg versuchen. Es ist ein harter Weg, denn man muß es schaffen, sich aus vielem auszuklinken, was uns als angeblich gut und wert suggeriert wird. Für mich ist es lebenserhaltend, mir immer wieder verkaufsfreie Räume zu schaffen. Schon jede Fußgängerzone ekelt mich an, wenn sie mir als Erlebnis eingeredet wird.

Shopping zum Beispiel!

Das ist nacktes Elend. Denken kann der Mensch nur in verkaufsfreien Räumen.

Konstantin Wecker, gerade weil wir über Ihr Engagement gegen den Krieg reden, möchte ich auf Ihre Biographie zu sprechen kommen. Sie wurden 1995 wegen Kokainbesitzes verhaftet. Drogenprozeß und Zusammenbruch – würden Sie heute so über Selbstfindung reden, wenn Sie nicht diese existentielle Krise durchlebt hätten?

Wahrscheinlich nicht. C. S. Lewis, ein britischer Religionsphilosoph, sagte den wunderbaren Satz, wahrscheinlich sei der Schmerz in uns die einzige Möglichkeit, mit der Gott auf sich aufmerksam machen könne. Warum muß man dauernd auf so fatal oberflächliche und gierige Weise glücklich sein? Dieser Drang ist eine Ursache vieler Ungerechtigkeiten. Fürs Glück gehen wir über Leichen. Und zwar über immer neue.

Sie dachten doch damals sicher, ein freies, genußreiches Leben zu führen?

In Wirklichkeit war ich allen Merkmalen dieser Gesellschaft verfallen – großes Auto, großes Geprotze, großer Rausch. Meine Lieder waren klüger als ich. Aber ich schreibe ja nicht, »es« schreibt.

Was sagte Ihre Mutter, als Sie wegen der Drogen verhaftet wurden?

Sie war glückselig. Denn nun war alles vorbei, was sie so schmerzte. Sie hatte jeden Tag mit meinem Tod gerechnet und war die einzige, die warnte und warnte. Ich habe noch ihre Sätze im Ohr: Du singst von Freiheit und steckst selber in größter Unfreiheit. Und: Es gibt so viele Leute, die das viele Geld gebrauchen könnten, das du der Drogenmafia schenkst.

Und Ihr Vater?

Er sah's lockerer: Diese Gesellschaft könne man eh nur »unter Stoff« aushalten.

Worin bestand das Glück Ihrer Kindheit?

Nicht zum Gehorsam erzogen worden zu sein. Von der Mutter früh mit Gedichten versorgt zu werden. Mit dem Vater, er war ja Sänger, am Klavier Liebesduette aus den großen Opern zu singen. Meine Eltern waren beide keine Nazis.

Herr Wecker, Sie plädieren für eine Kunst des Scheiterns. Ein Widerspruch für einen Künstler, der Erfolg haben will?

Natürlich will ich vor vollen Sälen singen. Aber ich habe die letzten Jahre regelrecht hart gearbeitet, um mich aus den Medien raus zu bringen. Mich interessieren diese Scheiß-Charts nicht. Ich brauche diese Steigerungsformen des Geschäfts nicht mehr.

Es lebt sich gut als »Gescheiterter«?

Ich fühle mich den Absonderlichen und Ausgestoßenen, den so genannten Narren und Spinnern näher als jenen Selbstdarstellern, die heute das Niveau der Gesellschaftstauglichkeit bestimmen.

Das Scheitern in Ihrem Sinne beschäftigt Künstler und Intellektuelle immer wieder: George Tabori, Günter Gaus, Christoph Schlingensief – bei ihnen kann man wunderbare Gedanken zu diesem Thema lesen. Der Theaterregisseur Adolf Dresen sagte in einem Interview mit Gaus, er sei gescheitert, weil er das, was er gewollt und angestrebt habe, nicht erreichte. »Aber Scheitern ist nichts Schlimmes. Schlimm ist, wenn man aufgibt. Schlimm ist auch, wenn man scheitert und sagt, man sei nicht gescheitert, dann gibt man auch auf.« Und er verweist darauf, daß man in dieser Gesellschaft nicht scheitern darf, »man muß immer irgendwie Erfolg haben, ich finde das lächerlich«. Auch der Faust bei Goethe scheitere, »aber er fliegt weiter. Aus seinem Scheitern kommt neue Hoffnung, aber auch die Einsicht, auf diesem Weg ging es nicht gut, wir müssen einen anderen versuchen ...«

»Er ist reich und berühmt geworden«, heißt es in einer Geschichte des Ostens, von einem der auszog, sein Glück zu machen. Und weiter: »Der Ärmste. Laßt uns für ihn beten!« Könnte man das Dasein nicht auch so betrachten?

Welches sind für Sie Momente, die Sie darin bestätigen: Leben hat Sinn?

Es ist ein Gefühl, das einen mitunter sehr ungeplant überkommt: mit allem und allen verbunden zu sein. Die Abwehrkraft der Außenwelt gegen diese Momente ist groß. Aber daß es diese Momente gibt – es kann das Bewußtwerden einer Himmelsfarbe sein –, ist der Grund, warum ich noch auf dieser Welt bin.

Es ist diese innere Anbindung an Wunderschönes mitten im Schrecklichen?

Ja. Es ist das Aufleuchten einer Wahrheit, die mich nicht fanatisiert, die aber auch nichts verharmlost.

Sterben Utopien aus?

Nein. Kollektive Wunschphantasien schaffen Ruhezonen für viele Menschen – indem sie deren Sinnsuche in einen verbindlichen Rahmen stellen.

Ist auch der Sozialismus eine Idee, die in der Bibliothek der Menschheit bewahrt werden muß?

Ja. Ob man diese einzige Idee, die dem Kapitalismus entgegensteht, per praktischer Politik umsetzen kann – da hege ich zutiefst Zweifel. Trotzdem muß man der Idee das Wort sprechen, schon allein, weil sie derzeit so verteufelt und bekämpft wird.

Wie denken Sie über den Tod?

Ich bin in dem Alter, in dem ich mich mit dem Gedanken

anfreunde, daß man das Ich, das man sich aufbaut, eines Tages wieder verliert.

Das klingt nach Gelassenheit.

Die natürlich nicht immer da war. »Lang mi ned a, du deppada Tod!« habe ich als junger Mensch geschrieben, da hab ich dem Tod eins gehustet, bin ihn angegangen. Man kommt dann auch ins schwermütige, romantische, dunkle Jugendalter, in dem man sagt: Komm, Tod, umarme mich! Aber jetzt, da sag ich mir: Wir büßen den Tod lebend ab, und mit allem, was an Gewohnheiten in uns abstirbt, was an Erstarrungen abfällt – es öffnet irgend etwas Neuem die Tür. Ich finde nicht schlimm, das sich mein Ich auflösen wird, unser aller klägliches Ich wird dahingehen.

Wohin?

Ans Paradiesische glaube ich nicht; an was ich aber glaube, das ist das Geistige, das hinter jedem Menschen steht. Das überlebt. Das geht ein in eine große Leere, die aber mit diesem Geistigen angefüllt ist und jenes eigentlich Göttliche bildet, das weiterwirkt.

Was sollen Ihnen Ihre Söhne, sechs und drei Jahre alt, einmal nachsagen?

Er ist durch alle Wirren seines Lebens er selber geblieben.

(Dieses Interview erschien in gekürzter Fassung am 10. Februar 2003 in der Tageszeitung »Neues Deutschland«.)

WO KRACHEND EIN STUHL UMFÄLLT, SIND TERRORISTEN IM SPIELE

Tagebuch Februar 2003 bis September 2002

Du setz dich aus und fühl, was Arme fühlen,
Daß du den Überfluß all jenen hinschüttst
Und zeigst, die Himmel sind gerechter.

Shakespeares König Lear

Donnerstag, 27. Februar 2003

Wie naiv ist unsere Kriegsbewegung eigentlich heute noch?

Erfüllt von nach wie vor fast manischer Dankbarkeit einem Amerika gegenüber, das – zusammen mit anderen! – vor einem halben Jahrhundert Deutschland von der Diktatur befreit hat, merke ich, wie diese Dankbarkeit sich gegen eine Wahrheit wehrt, der man aber in die Augen sehen muß: Diejenigen, die heute das politische Amerika repräsentieren, sind blind für alles, was die Menschheit gegenwärtig bedroht. Mit den immer gleichen sturen und geistlosen Argumenten – als seien Fantasie und Kreativität nur ein belächelnswertes Spielzeug für Spinner und Poeten, das man von der Politik fernhalten müsse –, versucht Washington sein einfallsloses Vorgehen gegen den Irak zu begründen und zu verteidigen. Die Administration verliert sich in Abstraktionen und einseitigen Geschichtsinterpretationen, und schon vor einem drohenden Krieg wird alles getan für das Nachhinein, wird trainiert für den nachträglichen Versuch, Kriegen und anderen Greueln einen Sinn zu geben.

Kaum einer derjenigen Europäer, die Amerika Freiheit und Demokratie verdanken, wagt es doch, die »feel good history« in Frage zu stellen. Amerikanische Wissenschaftler wie Noam Chomsky oder Michael Parenti, der in »democracy for the few« erbarmungslos mit vielen Mythen der US-amerikanischen Politik und Geschichte abrechnet, haben damit weit weniger Probleme. Jedermann weiß, daß die US-Amerikaner einen enormen Beitrag zum Sieg der Alliierten über den deutschen Nazismus geleistet haben. Die Gewogenheit, die sie für diese Leistungen so ziemlich überall in Europa erfahren haben, ist ihnen gewiß nicht unverdient zuteil geworden. Aber, so fragt der kanadische Historiker Jacques R. Pawels:

Warum sind die USA seinerzeit eigentlich in den Kampf gezogen? War die Rolle der wirtschaftlichen und politischen Führung der USA im zweiten Weltkrieg wirklich so positiv, wie inzwischen überall angenommen wird? Und er hinterfragt jene europäische Dankbarkeit mit einer Konsequenz, zu der wir uns hier nie hinreißen lassen würden. Bei diesem Thema sind wir einfach nicht frei. Er fragt zum Beispiel, warum so viele einflußreiche Menschen in den Vereinigten Staaten in den dreißiger Jahren des vergangenen Jahrhunderts eine so positive Meinung von Hitler und seiner Massenmörderbande hatten? Warum dauerte es so lange, bis die USA den demokratischen Ländern endlich zu Hilfe eilten? Warum vernichteten sie nach dem Krieg nicht alle Formen des Faschismus?

Wie naiv ist unsere Kriegsbewegung wirklich? Immer noch glaubt sie an das Prinzip der Abschreckung, an die so genannte Drohkulisse, von der Stoiber und Merkel so ausdauernd reden. Aber Abschrecken ist kein Erziehungsmittel, schreibt schon Hermann Hesse, dem glaube ich mehr als Merkel oder Merz oder Schäuble. Hesse: »Wem das Töten Spaß macht, dem wird es durch keinen Krieg verleidet. Die Handlungen der Menschen entspringen kaum zu einem Hundertstel rationalen Erwägungen. Man kann völlig von der Unsinnigkeit irgendeines Tuns überzeugt sein, und es dennoch inbrünstig tun.«

Die Aufrechterhaltung der erwähnten »Drohkulisse« hat immerhin seit dem zweiten Weltkrieg in über 170 Kriegen weltweit 35 Millionen Tote zu verantworten! Die unzähligen Versehrten, Dahinsiechenden und über mehrere Generationen hinweg Verseuchten, all die Kinder mit Geburtsschäden nicht mit einberechnet. Die Verwüstung der Erde, die Zerstörung der Kulturschätze, die Vernichtung der Tiere und Pflanzen nicht mit einberechnet. Die wirtschaftliche Not, das Elend der Verhungernden, die Tragödie der Millionen Flüchtlinge nicht mit einberechnet. Nicht mit einberechnet der Krieg, den die transkontinentalen kapitalistischen Oligarchien gegen die Interessen der übergroßen Mehrheit der Erdbewohner führen. Für die Menschen der so genannten Dritten Welt ist damit der dritte Weltkrieg schon in vollem Gange (Jean Ziegler).

Welche Freiheit verteidigen wir eigentlich so vehement? Die des Geistes, oder doch nur die des freien Markts? Die »Freiheit, daß eine Klasse die andere ungestraft aushungern kann?« Die Gleichheit und Brüderlichkeit der Reichen, die »mit Hilfe ihres Monopols über Leben und Tod ihrer Mitmenschen entscheiden?« – wie das der Priester Jacques Roux bereits am 25. Juni 1793 vor dem Pariser Konvent als das Manifest der Enrages verlas?

Genügt es wirklich, so dankbar zu sein für die Befreiung Deutschlands, daß wir keine Augen mehr haben zu sehen, was im subsaharischen Afrika und in Asien auch in unserem Namen passiert? Im Namen unserer Konzerne, unseres Wohlstands, unserer Freiheit?

Wir brauchen Vereinte Nationen engagierter Bürger und keiner erpreßbaren Politfachkräfte, wir brauchen Ideenwerkstätten, in denen wir lernen, die ungeheure Energie, die in die Erfindung immer abscheulicherer Waffen gesteckt wird, umzuwandeln in die Poesie eines gewaltfreien Miteinanders. Wir brauchen Dialog statt machtorientierter Diplomatie, Offenheit statt Taktik, Aufrichtigkeit statt Propaganda.

Wir benötigen endlich jene Demokratie, die uns immer so dargestellt wird, als hätten wir sie schon. Und wenn das alles blauäugig ist und naiv, dann kann uns eben nur noch die Blauäugigkeit retten. Und die Naivität.

Dienstag, 11. Februar 2003

Ohne freie Information ist keine Demokratie möglich, aber wir sollten uns nicht allzu sehr auf Bilder verlassen. Nicht nur, daß sie perfekt gefälscht werden können, sie zeigen immer nur einen Ausschnitt der Wirklichkeit. Während des Afghanistankrieges wurde das große Leid der Bevölkerung einfach ausgeblendet. Ein unsichtbarer Krieg versetzt das Volk eben nicht in Aufruhr. Man spricht von Bombenteppichen, Kollateralschäden, Präzisionswaffen, man »eliminiert« und »neutralisiert« den Gegner (während der natürlich »schlachtet« und »mordet«) – neutrale, verharmlosende Begriffe, um nicht den Anschein zu erwecken, es würden Menschen von Menschen getötet. Der Krieg wird so eine saubere, chirurgische Sache.

Im Golfkrieg Anfang der Neunziger waren die Raketen des Irak »terroristische Waffen«, während das Abfeuern von Tausenden von Raketen auf Bagdad und Basra als technisches Wunder bezeichnet wurde. Das dänische Blatt »Politiken« analysierte während dieses Krieges die englische Sprache. So haben die Alliierten eine Armee und eine Luftwaffe, die Iraker dagegen eine Kriegsmaschine, Zensur und Propaganda. Die Berichterstattung beugte sich spätestens seit diesem Krieg der Logik des Militärs. Wenn in einem Rechtsstaat der Status des Bildes reglementiert wird – so daß man also nicht überall filmen kann, sondern zum Beispiel eine Bewilligung braucht, um mit einer Kamera Zutritt zu einem Spital, einem Gefängnis, einer Kaserne, einem Polizeiposten oder einem Heim zu erhalten – dann geschieht dies aus Respekt vor dem Menschen. Viel weiter gingen indes die Armeen in den jüngsten Konflikten, wenn sie die gleiche Argumentation weiterführten und auf alle Krisengebiete ausweiten wollten. Hier steht etwas ganz anderes auf dem Spiel, denn Krieg ist immer ein politisches Ereignis und betrifft folglich den Bürger direkt.

Viele unverschämte Lügen im Vorfeld des Golfkrieges (1991) wurden inzwischen aufgedeckt. So war der »Babymord der Iraker« das Elaborat einer New Yorker Werbeagentur; die »Zeugin« entpuppte sich peinlicherweise als Tochter des kuwaitischen Botschafters, diese Familie war der Auftraggeber der Werbeagentur. Aber zum großen Skandal weitete sich die Enthüllung dieser Lüge bezeichnenderweise nicht aus. Das falsche Massengrab von Timisoara (Rumänien 1989): Man brauchte dringend Bilder, um der »freien Welt« die Greuel des Kommunismus noch einmal deutlich vor Augen zu führen, und so gruben einige Reporter einfach Leichen aus und drapierten sie geradezu künstlerisch in einem »Massengrab«. Die Information als ideologische Performance, als grell blinkender Planet der Unterhaltungsgalaxie. Es ist unerträglich. Zur Zeit erreicht diese Unerträglichkeit einen neuen Höhepunkt: Bei jedem Stuhl, der irgendwo auf der Welt krachend umfällt, ist Al Qaida mit im Spiel.

20. Januar 2003:

Rückblick auf eine Reise.

Nicht wegen Saddam Hussein – trotz Saddam reisen wir in den Irak. Münchner Hauptbahnhof, 5. Januar. Meine Söhne haben so lange darauf gewartet. »Jetzt kannst du ja gar keinen Schneemann mit uns bauen.« Wieviel Zeit darf ich meinen Kindern nehmen, um diese Zeit fremden Kindern zu schenken? Gestern habe ich meine Buben noch um Spielzeug gebeten. Für die »armen Kinder im Irak«. Die Tasche ist voll geworden.

Pressekonferenz Frankfurter Flughafen. »Machen Sie die Reise aus PR-Gründen?« Man hat die gehässige Glosse in der SZ gelesen. Die Frage entlarvt den Fragesteller. Es ist schade, daß viele sich gar nicht mehr vorstellen können, etwas zu tun, ohne in den Kategorien von Gewinn und Verlust zu denken. Nun habe ich etwas losgetreten, was seine eigene Dynamik entwickelt. Wer weiß, wie die Reise mein Leben beeinflussen wird?

Keiner unserer kleinen Delegation macht sich Illusionen über den Diktator. Bis kurz vor dem ersten Golfkrieg allerdings wurde derselbe Tyrann von den Westmächten gehätschelt und mit Waffen und Wirtschaftsgütern zugeschüttet. Man machte blendende Geschäfte mit ihm, er war der klassische »bad boy«, wie die Amerikaner sagen, ein Schurke, aber unser Schurke. Das Giftgas, das er gegen die Kurden einsetzte, kam aus den Vereinigten Staaten und aus Deutschland, und die Moral, die man jetzt so vehement wiederentdeckt, wurde dem big business, wie so oft, gerne untergeordnet. Wer wird der Nächste sein?

»Wars are poor chisels for carving out peaceful tomorrows« (»Kriege sind schlechte Werkzeuge, um ein friedvolles Morgen zu schaffen«) – während des Fluges von Aman nach Bagdad übergibt mir Colleen Kelly, eine amerikanische Friedensaktivistin, ein Flugblatt mit diesem Satz von Martin Luther King. Die Maschine ist bis auf den letzten Platz gefüllt mit Irakern und Friedensgruppen aus aller Welt, die in Bagdad ein Zeichen setzen wollen. Das Anliegen der Amerikaner, »die Gesichter der irakischen Bevölkerung zu sehen und die Spirale der Gewalt zu durchbrechen« deckt sich mit dem unseren.

Für die frühere US-Außenministerin Albright war der Tod

Konstantin Wecker mit Alexander Christof von den »Architects for people in need« in Bagdad

von über hunderttausend irakischen Kindern im letzten Krieg und dem Embargo ein Kollateralschaden, ein Preis, der es »wert war, bezahlt zu werden«. Diesem Zynismus kann und will ich mich nicht anschließen. Auf dem Reißbrett der Militärs werden Menschen verschoben wie leblose Zahlen. Von Strategen, die nicht daran denken würden, sich selbst oder ihre Kinder zu opfern. Auf den Schlachtfeldern haben diese Zahlen ein Gesicht, eine Geschichte, sind voller Hoffnung und Sehnsucht, haben Familie und Träume. Und sie wollen leben!

Bei der Ankunft in Bagdad lauert der unvermeidliche Fotograf auf den unvermeidlichen Schnappschuß »Wecker unterm Hussein-Bild«. Damit haben sie im letzten Herbst den deutschen Fußballtrainer Bernd Stange reingelegt. Die Bilderverehrung des Landes ist in der Tat unerträglich. Es gibt praktisch keine freie Fläche in der Stadt ohne Saddam. Saddam als

Kämpfer mit MP, als Bluesbrother mit Sonnenbrille, als guter Onkel und als Sonnenkönig. Der Fotograf hatte sein Bild und ward nicht mehr gesehen.

Dann der nächste Schock. Wir wurden als VIPs mit Luxuslimousinen abgeholt. Die Fahrt zum »Al Raschid«, der 1. Adresse Bagdads, ist ein Horrortrip. Es ist einfach obszön, sich in einem so armen Land mit diesen Protzautos zu bewegen. Und ich fragte mich, wer der Regierung die Mercedes wohl verkauft haben mag. Weshalb geisterten bei der letzten Bagdadmesse im November 2002 keine Fotos von Wirtschaftsbossen mit Hussein im Hintergrund durch die deutsche Presse? Mit wem haben die dort ansässigen 51 deutschen Firmen ihre Geschäfte gemacht? Mit den Ärmsten der Stadt, deretwegen wir gekommen waren?

KW mit Colleen Kelley von den »Peaceful Tomorrows« in Bagdad

Wie ich später erfahren habe, wurde der Staatsapparat veranlaßt, jedem Fotografen die Kamera abzunehmen. Es scheint auch hier wieder mal die Moral beim Geschäft geduldiger zu sein, als bei dem weniger lukrativen Versuch, den Armen eine Stimme zu verleihen.

Wir beraten uns beim Abendessen. Der Schock dieser pompösen Ankunft sitzt tief. Wir beschließen, am nächsten Morgen in das Hotel umzuziehen, in dem sich die anderen Friedensgruppen befinden, in keine Staatskarosse mehr einzusteigen und in jedem Fall alles selbst zu bezahlen. Henning Zierrock, der Präsident von »Kultur des Friedens«, telefoniert noch am Abend. Tags darauf steht ein alter Bus zur Verfügung. In diesem Hotel haben die Wände Ohren und selbst die Badezimmer Augen. Nichts wie raus.

Der morbide und bröckelnde Charme des Al Fanar Hotels gefällt uns bedeutend besser. Wir beschließen, auf unserer Unabhängigkeit zu bestehen, ohne natürlich den Respekt gegenüber der arabischen Gastfreundlichkeit und Höflichkeit zu verletzen. Es wird noch einige Zeit dauern, bis wir das inoffizielle Bagdad näher kennenlernen sollen. Dabei hilft uns ein Münchner, mit dem ich mich vom ersten Moment an befreundet habe. Alexander Christoph ist seit zwei Jahren vor Ort und Leiter der »Architekten für Menschen in Not«, der einzigen unabhängigen deutschen Hilfsorganisation des Landes. Alexander hat, wie er mir erzählt, irgendwann entschieden, das nächtliche Abfeiern seines beruflichen Erfolges in Münchner Nachtcafés gegen ein sinnvolles Leben auszutauschen. Ein Leben im Dienst derer, die nicht zuletzt unseres Überflusses und unserer Gleichgültigkeit wegen in tiefer Armut leben. Er hat uns mit den Tatsachen konfrontiert, die nur einer kennen kann, der vor Ort lebt.

Wir fahren in die »Eisenschmiedegasse«. Alexander führt uns zu einem achtjährigen Jungen, der zwölf Stunden täglich alte Eisenstäbe so zurechtklopft, daß sie mit einer Manschette gebündelt werden können. Er ist mit Ernst bei der Arbeit, am Boden kauernd, so daß er uns erst gar nicht wahrnimmt. Alexander überreicht seiner Familie Spendengelder aus Deutschland, damit der Junge zur Schule gehen kann. Wir erklären seinem Chef, der einem Charles-Dickens-Roman zu entstammen scheint, daß Amir ab heute nicht mehr bei ihm arbeiten würde. Ich frage den Jungen, ob er denn gern zur Schule gehen würde. Er blickt mich lange aus seinen dunklen, riesengroßen Augen an und nickt ohne den Anflug eines Lächelns. Ich hoffe so, ich werde ihn später einmal lachen sehen.

Unser alter Bus fährt uns nach Saddam City, dem Elendsviertel Bagdads, in dem über drei Millionen Menschen leben. Als wir aussteigen, springen Horden von Kindern an uns hoch, klatschen Beifall, ein Junge küßt mich. Man lädt uns zum Tee ein und als ich bei einem Bäcker Brot kaufen will, schenkt er es mir. Wie wohl ein hungriger Iraker bei uns in Deutschland behandelt würde ...

Saddam City ist die Keimzelle eines potentiellen Schiitenaufstandes. Im Falle eines Krieges wird Hussein diesen Stadtteil abriegeln und die eigenen Leute abschlachten, so befürchten einige Korrespondenten vor Ort. Ich sehe in die Augen dieser unterernährten Kinder, sehe ihre Freude, uns getroffen zu haben, und schwöre mir, gegen diesen Krieg aufzustehen.

Bei der Rückfahrt fliegen Steine gegen unseren Bus. Jetzt erst erfahren wir von unserem Fahrer, daß wir ein Regierungskennzeichen haben. Wir fahren am Tigris entlang, vorbei an prächtigen Villen. Ich frage unseren Fahrer, wie es sein kann,

Konstantin Wecker mit Musikschülern in Bagdad

daß in diesen Zeiten, in diesem armen Land Leute so reich sind. Er überlegt lange und antwortet mit einem vielsagenden Lächeln: »That is a very difficult question!« Man muß zwischen den Zeilen lesen, wenn man die Stimmung über

Hussein herausfinden will, muß auf Gesten und Blicke achten. Und vor allem nach unserem Konzert öffneten sich die Herzen und Münder. Was für kulturvolle und wißbegierige Menschen! Wären unsere Regierungen nur halbwegs so interessiert an ihrer Kultur wie diese Menschen an der unseren – dann wäre unsere westliche Reaktion vielleicht nicht einzig die Eroberung, sondern die Begegnung.

Diese Tage waren Wechselbäder der Gefühle für mich. Hoffnung und Desillusion wechselten sich manchmal stündlich ab, oft fühlte ich mich fehl am Platz, manchmal spürte ich wieder, wie wichtig diese Reise war. Immer noch frage ich mich, woraus sich der Haß nährt, der mir manchmal entgegenschlägt. Sicher, die Bellizisten sehen ihre Pfründe bedroht, ihren materiellen Gewinn und ihre festgefahrenen Denkmuster. Aber einige, glaube ich, spüren tief in sich, daß sie selbst auch verantwortlich wären, gegen diesen Krieg etwas zu tun und verteidigen so ihre Gleichgültigkeit. »Je größer die Aufgabe und Verantwortung Einzelner bei der Gestaltung der Geschichte wird, um so wichtiger ist es, daß jeder von uns lernt seine Verantwortung im neuen Jahrtausend zu akzeptieren und an ihrer Erfüllung zu arbeiten.« Diesen Worten des japanischen Friedenspreisträgers Daisaku Ikeda fühle ich mich jetzt mehr denn je verpflichtet.

3. Januar 2003

Nun ist, zum Thema der bevorstehenden Irak-Reise, mein Interview in der »Münchner Abendzeitung« erschienen, und die Wellen schlagen hoch. Ich habe viele mutmachende Mails bekommen, von Fremden, Bekannten und Kollegen. Und bitterböse Zuschriften. Es ist erstaunlich, wieviel Gehässigkeit man erzeugen kann, wenn man versucht, sich nicht nur an der Theke, sondern auch in der Tat für den Frieden zu engagieren. Der Hauptvorwurf gegen unsere Reise: Wir würden damit den Diktator stärken. Wie könnte ich denn Hussein stärken, selbst wenn er mich gegen meinen Willen als Helfer mißbrauchte? Aber ich kann in diesem geplagten Land einzelne Menschen stärken, mit Geld, Medikamenten, Zuspruch oder vielleicht nur einem Händedruck.

Ein Interviewer sagte: »Jahrelang hat man nichts mehr von Wecker gehört. Und jetzt ist er plötzlich wieder in allen Meldungen – steckt da eine geschickte PR-Aktion dahinter?« Erst war ich schon perplex. Dann kam mir der Gedanke, daß dieser Mann nahezu naturgemäß so denken muß, denn er hat wahrscheinlich wirklich jahrelang von mir nichts gehört. Außer, daß ich verhaftet wurde vor sieben Jahren. Er hat meine Konzerte nicht besucht, und deshalb gab es mich in seiner Welt nicht. In meinem eigenen Universum allerdings war ich sehr präsent. Ich war fast zwei Jahre auf Tour und habe mich in allen Konzerten, in Liedern und Texten zum Thema Krieg geäußert, ich habe mehrere CDs herausgebracht, Musik für Kinder geschrieben, einen Film gedreht, zwei Bücher veröffentlicht und vieles mehr. Es hat aber wenig Sinn, jemandem zu erklären, wer man sei.

1. Januar 2003

Ich fahre in ein Land, das zweifellos von einem schrecklichen Diktator unterdrückt wird. In ein Land, das bereits 1917 von britischen Truppen belagert war und durch systematische Bombenangriffe aus der Luft niedergeschlagen wurde. Dessen Grenzen – ungeachtet der Stammesverbindungen, die das kulturelle Wesen des nahen Ostens nun mal ausmachen – willkürlich von Briten und Franzosen festgelegt wurden. Ein Land, das während der Abassidenzeit (749-1258) Mittelpunkt der islamischen Kultur war und seit dem 2. Weltkrieg wegen seiner gigantischen Ölvorkommen im Fokus der westlichen Industrienationen stand.

Vor allem aber fahre ich in ein Land, das ich nicht kenne, und von dem ich nicht mehr weiß als das, was man es aus Lexika und ein paar nüchternen Geschichtsbüchern erfahren kann. Ich fahre in ein Land, das, wenn es den vernünftigen Kräften dieser Welt nicht doch noch gelingt, den Krieg abzuwenden, in einigen Wochen besetzt und bombardiert werden wird, dessen Bevölkerung Kanonenfutter sein wird für wirtschaftliche und hegemoniale Interessen. Vor einigen Tagen las ich in Scott Ritters Buch »Krieg gegen den Irak« einen Satz George Keenans, eines berühmten Vordenkers des US-Außenministeriums, der 1948 sagte: »Wir sollten aufhören, von so vagen und unrealistischen Zielen wie Menschenrechten, Anhebung von Lebensstandards und Demokratisierung zu reden. Der Tag ist nicht mehr fern, an dem unser Handeln von nüchternem Machtdenken geleitet werden muß. Je weniger wir dann von idealistischen Parolen behindert werden, um so besser.« (Einige Jahre später wurde konsequenterweise Mohammed Mossadegh im Iran abgesetzt, der beschlossen hatte, das Land sollte über seine Ölressourcen allein bestimmen.)

Gerade habe ich meine beiden Söhne ins Bett gebracht, ihnen eine Gute-Nacht-Geschichte vorgelesen und die Erlebnisse das Tages noch einmal vorbeiziehen lassen. »Den Tag durchgehen« nennt der Ältere das, und dieses allabendliche Ritual ist sehr wichtig für uns beide. Seit einigen Tagen fasziniert ihn der Tod, und er kann gar nicht genug davon zu hören bekommen. Wir waren an diesem verregneten, grauen und kalten Nachmittag am Grab meines Vaters, und Valentin fragte mich, ob wir uns im Himmel alle wiedersehen würden, und wo er vor seiner Geburt gewesen sei. Ich erzählte ihm die Geschichte von dem Engel, der alle Neugeborenen küßt, damit sie alles vergessen, was sie vorher gewußt haben. Denn sie haben alles gewußt und müssen es wieder vergessen, damit das Leben auch wirklich neu erlebt und durchlebt werden könne. Und in der Todesstunde kommt derselbe Engel und küßt uns wieder, damit wir wieder alles wissen und alles verstehen. Uns beide tröstete diese wunderschöne Geschichte.

Nun sitze ich in meinem Arbeitszimmer und bekomme den Gedanken nicht aus dem Kopf, wir hier und jetzt in Deutschland, in meiner Heimatstadt München, würden schon bald medial mit Krieg und Elend, Hunger und Tod überzogen werden, mit all den Scheußlichkeiten, all der zerstörerischen und mörderischen Energie, die dem Krieg nun mal innewohnt. Was wäre, stünden wir selber kurz vor einer Bombardierung? Ob mit oder ohne UNO-Mandat – es wäre uns erst mal ziemlich egal. Was würde in uns geschehen? Würde ich noch eine Sekunde meine Kinder aus dem Arm lassen? Wie würde ich mir selbst und meinen Kindern erklären, daß ich sie nicht zu schützen in der Lage bin? Würde es mich besonders interessieren, aus welchem angeblich noch so gerechten Grund dieser Krieg geführt würde? Kann er gerecht genug sein, um mir meine Kinder von ihm töten zu lassen? Ich glaube nicht, daß ich die Kraft hätte, Verständnis für die Täter aufzubringen.

Ich bin mir bewußt, daß es Menschen gibt, die uns mit unserer Reise unterstellen, Hussein zu stärken und dem Weltfrieden dadurch in den Rücken zu fallen. Aber wer glaubt, ich könnte nur einen Funken Sympathie für den Diktator hegen, will mich einfach mißverstehen. Wir werden dort Krankenhäuser besuchen, Familien und christliche Gemeinden und uns mit Künstlern und Friedensgruppen aus aller Welt austauschen. Ich habe nicht vor, irgendeiner Staatsmacht in den Arsch zu kriechen, sondern ich will mich mit Menschen verbünden, ihre Nöte und Sehnsüchte teilen und ihnen, wo es geht, ein wenig zur Seite stehen. Und natürlich erhoffe ich mir einen gewaltigen Anstoß für mein eigenes Leben, denn all zu gerne vergräbt man sich in seinen eigenen Gedankenkonstrukten und hält sie für den Nabel der Welt. Ich spreche kein Wort arabisch, nicht mal sonderlich gut englisch, bin kein Historiker, kein Psychologe, kein Wissenschaftler. Ich werde der Welt im Irak keine neuen Fakten entdecken können, keine wirklich neuen Gedanken und Ideen, nichts Sensationelles. Es gibt unendlich gute Bücher von großen Denkern, allen voran von Eugen Drewermann, dem ich viel verdanke und vor dessen Wissen ich mich verbeuge. Und trotzdem fühle ich mich dazu aufgefordert, von meinem Erleben zu berichten.

Ich habe viel Zeit meines Lebens damit zugebracht, Klavier zu spielen, in Tönen zu denken und mir die Seele aus dem Leib zu singen. Ein zweifellos non-rationaler, aber deswegen nicht unbedingt weniger wertvoller Zugang zu den Mysterien des Lebens. Und ich war wenigstens immer bereit, mich neuen Anforderungen und Erlebnissen zu stellen, auch wenn sie mein Leben aus dem Gleichgewicht bringen würden. Das ist kein Verdienst, sondern fast schon eine Obsession, der ich nicht entfliehen kann. Sie hat mir nicht nur weitergeholfen, sondern mich allzu oft auch in die Bredouille gebracht. Seit einigen Jahren bemühe ich mich, meine persönlichen Konflikte auch nach anderen Maßstäben als denen von Sieg und Niederlage zu bewältigen. Im Streit hilft mir da manchmal der Gedanke, daß man durch Nachgeben meist mehr von sich und vom anderen erfährt. Das kann nicht immer funktionieren, aber ich konnte feststellen, daß es nicht ein Makel sein muß, eine Diskussion als »Verlierer« zu verlassen.

Die innere Aufarbeitung eines Streits hat mir meistens mehr von mir entdeckt als Gewinnerstolz bei unmittelbarer Konfrontation mit meinen »Gegnern«. Was heißt schon siegen – überstehen ist alles, schreibt Rilke. Das müßte die Maxime unserer Zeit sein. Und unseres Gesellschaftsvertrages. Nicht mehr um jeden Preis gewinnen müssen, sondern: weniger Aufplustern, weniger Gegockel. Ist es nicht gerade diese Gier nach Anerkennung und diese unselige Rechthaberei, die uns, je mehr wir unseren eigenen Schmerz beweinen, so unempfindlich macht für den Schmerz der anderen?

Wenn es ums Kriegeführen geht, wird nicht nur jedes Gefühl, sondern auch jede Vernunft ausgeschaltet. Unsere jüngste Geschichte zeigt uns überdeutlich, daß Terror nicht mit kriegerischen Mitteln zu besiegen ist. Dennoch halten viele an dieser unsinnigen Idee fest und verteidigen sie mit teilweise bewundernswerter intellektueller Akribie. Daran gemahnt ein Text Dietrich Bonhoeffers, den er 1943 während seiner Haft im Militärgefängnis Berlin geschrieben hat. Schon immer fragte ich mich, wie es möglich ist, daß hochgebildete und intellektuelle Menschen oft so unvernünftig, dumm und grausam reagieren können. Bonhoeffer erklärt dieses Phänomen in einfachen Worten: »Um zu wissen, wie wir der Dummheit beikommen können, müssen wir ihr Wesen zu verstehen suchen. Soviel ist sicher, daß sie nicht wesentlich ein intellektueller, sondern ein menschlicher Defekt ist. Es gibt intellektuell außerordentlich bewegliche Menschen, die dumm sind, und intellektuell sehr schwerfällige, die alles andere als dumm sind ... Dabei gewinnt man weniger den Eindruck, daß die Dummheit ein angeborener Defekt ist, als daß unter bestimmten Umständen die Menschen dumm gemacht werden, beziehungsweise sich dumm machen lassen ... So scheint die Dummheit vielleicht weniger ein psychologisches, als ein soziologisches Problem zu sein. Sie ist eine besondere Form der Einwirkung geschichtlicher Umstände auf den Menschen, eine psychologische Begleiterscheinung bestimmter äußerer

Verhältnisse. Bei genauerem Zusehen zeigt sich, daß jede starke äußere Machtentfaltung, sei sie politischer oder religiöser Art, einen großen Teil der Menschen mit Dummheit schlägt. Die Macht der einen braucht die Dummheit der anderen. Der Vorgang ist dabei nicht der, daß bestimmte – also etwa intellektuelle – Anlagen des Menschen plötzlich verkümmern oder ausfallen, sondern daß unter dem überwältigenden Eindruck der Machtentfaltung dem Menschen seine innere Selbständigkeit geraubt wird und daß dieser nun darauf verzichtet, zu den sich ergebenden Lebenslagen ein eigenes Verhalten zu finden.«

Erst in den letzten Jahren habe ich entdeckt, welche Kraft die Verweigerung in sich birgt. Sich dem zu verweigern, was einem als einzig richtige Wahl eingeredet wird, sich Propaganda und historischer Verfälschung zu verweigern und sich dadurch anderen Informationsquellen als den üblichen zuzuwenden – sowie einem Lebensstil, der nicht zum willfährigen Opfer einer Industrie macht, die solange Wachstum predigt und fordert, bis wir alle zerplatzen werden. Zudem hatte ich das Glück, in Hunderten von Konzerten mit Menschen zusammen zu treffen, gleichsam gemeinsam zu schwingen, die nicht aufgeben wollen, die ihr bewußtes Leben leben, jeder auf seine Weise, manche stiller, manche lauter, Alte, Junge, Angepaßte, Revoluzzer, Kleinbürger, Großbürger – Menschen eben, die eines eint: daß sie sich, wie erfolgreich auch immer, nicht zu willenlosen Instrumenten der jeweils gängigen Meinung machen lassen wollen. Und zu guter Letzt, denke ich, kann man als liebender Vater kleiner Kinder einfach nicht zum Zyniker werden. Zynismus ist zwar groß in Mode, aber niemand ist ja für sich allein zynisch. Man braucht dazu Publikum, Bewunderer oder Feinde. In stillen Stunden, wirklich alleine mit sich selbst, kann Zynismus niemanden befriedigen. Das Vertrauen in die Menschheit ist immer zuallererst das Zutrauen zum einzelnen Menschen. Darin liegt das Geheimnis und die Offenbarung.

31. Dezember 2002

Nehme ich alles zu ernst? Sollte ich witziger sein, ironischer? Warum fällt mir das im Moment nur so schwer, in meinen Konzerten gelingt es mir doch auch.

Ich habe viele Bücher gelesen in den letzten Monaten, Bücher über Krieg und Terror, Geld und Gier, über den Hunger in der Welt, über das Embargo im Irak, über Verschwörungstheorien aller Art, habe Essays von Chomsky und Roy studiert, Drewermann und Zinn, und eigentlich kann man nach dieser Lektüre nur zu dem Schluß kommen, daß man gegen den Terror der Konzerne und Staaten wie gegen den Terror der religiösen Fanatiker nichts, aber auch gar nichts unternehmen kann. Es ist ein lähmendes Gefühl der Ohnmacht. Man kommt sich unglaublich verarscht vor.

Mir fällt eine Geschichte von Sören Kierkegaard ein: »In einem Schauspielhaus fingen die Kulissen Feuer; der Bajazzo trat vor, um das Publikum zu benachrichtigen. Man glaubte, es sei ein Witz, und applaudierte. Er wiederholte die Ansage, man jubelte noch lauter. So denke ich, wird die Welt unter allgemeinem Jubel witziger Köpfe zugrunde gehen, die da glauben, es sei ein Witz.«

Muß ich jetzt witzig sein, weil ein postmoderner Zynismus jeden der Lächerlichkeit preisgibt, der auf eine gerechtere Welt hofft?

Während der Aufklärung glaubte man, alles wissen zu können. Die Postmoderne machte meines Erachtens den Fehler zu glauben, daß wir nichts wissen können. Trotzdem hat sie in einem entscheidenden Punkt Recht: Es gibt eine reflexive Qualität unseres Wissens. Wenn wir die Wahrheit entdecken, so gibt es natürlich auch eine subjektive Komponente, durch die wir sie schaffen. Aber ist das nicht alles letztendlich nur narzißtische Hybris?

Arno Grün schreibt: »Realitätssinn ist nicht die Wahrnehmung der Wirklichkeit wie sie ist, sondern die Anpassung an die Verhaltensnormen einer Gesellschaft, die sich über das Wesen der Liebe selbst belügt und diese Lüge zur Wahrheit erhoben hat.« Ich habe lange gebraucht, bis ich mich in diesem Sinne wieder vorbehaltlos dem Wort Liebe zu stellen vermochte. Es war mir verlorengegangen, weil ich vor lauter Lust am Geliebtwerden das Lieben verlernt und dabei mich selbst verloren hatte. Aber wer sich selbst fremd ist, kann nicht lieben. Auch hatte ich Angst, das Wort Liebe auszusprechen, es kam mir banal vor, mißbraucht, unverstanden.

Gute Freunde raten mir immer, etwas vorsichtiger zu sein und mit großen Worten nicht so um mich zu schmeißen. Sie haben sicher Recht, und ich werde versuchen, mein Pathos zu zügeln. Es wird mir nicht gelingen, liebe Freunde.

Gott, Freiheit, Liebe, Mitgefühl, Verantwortung – zu all diesen Worten könnte und müßte man eigentlich immer ganze Enzyklopädien der eigenen Interpretation mitliefern. Bestimmte Worte treffen einen immer mehrmals an im Leben, je nach dem, auf welcher Stufe des Bewußtseins man sich gerade befindet. Anfangs kommen sie von außen, meist bedrohlich und als Gebot: »Sei demütig, sei anständig, sei diszipliniert« – Grund genug, sich von ihnen zu distanzieren, jetzt erst recht nicht demütig zu sein und schon gar nicht anständig. Irgendwann, viel später, erreichen einen dieselben Worte wieder.

Wenn man offener ist, brüchiger, durchlässiger. Was in solchen Worten steckt, hat Geduld, kann warten, bis der Mensch sich ihm zuwendet, ohne Hast, fragend. Und plötzlich ist da kein Lehrer mehr, der sie ausspricht, kein Vater, kein Chef, nein, man ist es nun selbst, der es sich auferlegt, anständig zu sein oder bescheiden oder demütig. Und unversehens, mählich füllen sich die verhaßten Worte mit neuem Leben, plötzlich sieht man einen Sinn im diesen scheinbar so sinnlosen Parolen und versucht, sich mit ihnen zu verständigen.

Ich zum Beispiel mußte Gott regelrecht zertrümmern und mußte aus der Kirche austreten, um Ihn wieder ansprechen und das Wort ohne Scheu wieder aussprechen zu können. Aber ich hüte mich davor, es im Gespräch mit Menschen, die mich nicht näher kennen, zu verwenden oder andere gar zu missionieren. Jeder hat seine eigene Geschichte mit diesem und anderen großen Worten, und zu leicht kann ein ungeklärter Ausdruck eine Kriegserklärung werden, die jede Synergie von Grund auf verhindert. Ob ein Wort hohl ist oder bedeutungsschwer, entscheiden wir schließlich selbst, und alle Verballhornungen der Liebe in Schlagern und gut gemeinten Gedichten können das Wort nicht vernichten, wenn es sich in einem selbst mit Leben erfüllt hat.

Oft passiert mir ein Satz einfach. Ich denke an etwas völlig anderes, und dann steht da dieser Satz, oder vielleicht nur ein Begriff, wie in Stein gehauen, und setzt sich fest in mir. Ich wende mich anderem zu, versuche mich abzulenken, aber er fordert, wie ein Bote aus den dunkleren Schichten meines Denkens, seinen poetischen Zoll. Das bedeutet nichts für die Welt, das ändert nichts am Verlauf der Geschichte, das macht oft keinen Sinn, wie man das heute sagt, das hat nur mit mir und meinem eigenen Leben zu tun.

»Genug ist nicht genug« war eine Lied-Zeile, die einst einen ganzen Abschnitt meines Lebens bestimmte, wie in jüngster Zeit: »Wozu nur dieses Gegockel und all die Angebereien: Am Ende fällst du vom Sockel – allein«. Erst sehr spät, in dem Lied »Liebesdank«, habe ich mich getraut, meine Liebe direkt und unverblümt auszusprechen, und erst seit ich Kinder habe, weiß ich um die vielen Dimensionen der Liebe. Es mag verrückt klingen, aber ist der Zusammenhalt unserer Gestirne wirklich nur der Schwerkraft zu verdanken und nicht vielleicht doch der Liebe? Ist es nur die Wärme der Sonne, die jedes Frühjahr die Wiesen blühen läßt und die Bäume ergrünen, oder ist es Liebe? Ist es einfach ein triebhafter Akt, der uns Kinder in eine Welt setzen läßt, um deren Fortbestand man wirklich Angst haben muß, oder steht dahinter nicht groß und manchmal unerkannt – Liebe? Ich glaube selbstverständlich nicht, daß man sich immer dieser großen Konstante im Hintergrund bewußt ist, schon gar nicht, wenn es um Sex geht, aber ich bin mir sicher, wäre nicht die Liebe die alles erhaltende Kraft im Universum, so würde alles sofort zusammenstürzen und in Abermilliarden kleinster Teile zerfallen.

Martin Walser hat geschrieben: »Stammen die Gefahren, die der Erde drohen, aus Laboren oder aus Kirchen? Ich glaube, sie stammen letzten Endes aus Kirchen. Ob uns der CO-2-Ausstoß zur Katastrophe wird, hängt davon ab, ob uns Liebe mehr liegt als Gleichgültigkeit oder Haß«. Diese Liebe ist als Möglichkeit immer in der Welt. Wir müssen sie »nur« entdecken und nutzen. In diesem »nur« liegt der gesamte Sinn unserer Existenz. Wer kann beweisen, daß jenseits all unserer kleinen Klugheit, die uns, ehrlich gesagt, bis jetzt in ein ziemliches Schlamassel geführt hat, ein Geistiges die Welt beseelt? Aller Augenschein spricht dagegen. Aber in den stillsten Minuten fühle ich diese Gewißheit des Geistigen, und daran klammere ich mich, wenn ich keine Geduld mehr habe.

30. Dezember 2002

Wenn ich je gezweifelt hätte am Plan meiner Irak-Reise, so wäre mir der letzte Zweifel heute genommen worden. Ich konnte mich heute nachmittag mit Mahmoud, einem irakischen Journalisten und Ingenieur, der 1988 in Deutschland zu studieren begonnen hatte, ein paar Stunden unterhalten.

Der elegante und besonnene, unsere Sprache perfekt sprechende Araber hat mir von »seinem« Irak erzählt, von der Herzlichkeit der Menschen dort, von ihrem Fleiß – man nennt die Iraker in der moslemischen Welt etwas ironisch die »Preußen« unter den Arabern – und von dem erstaunlichen sozialen System des Landes in der Zeit vor dem 1. Golfkrieg.

Schule, Universität, Schulbücher, Schulkleidung und sogar das Mensa-Essen waren umsonst, es gab wenig Armut und einen wohlhabenden Mittelstand. Er erzählt mir nicht ohne Stolz von der jahrtausendealten Kultur, von der ersten geteerten Straße der Menschheitsgeschichte, von den ersten Staudämmen in Mesopotamien. Er erzählt mir eine kleine Geschichte seiner Amerikareise, als er in Washington DC eine Bootsfahrt mitgemacht hatte und der Fremdenführer sichtlich stolz auf ein dreihundert Jahre altes Gebäude verwies. Mahmoud mußte lächeln, und der Fremdenführer fragte, was er denn so amüsant finde. Darauf sagte Mahmoud: »Entschuldigen Sie bitte, aber wir haben zuhause Häuser, die sind dreitausend Jahre alt, und die werden noch bewohnt.«

Von der Begeisterung der Iraker für Kultur spricht er, von den vielen gut besuchten Galerien in Bagdad, von der Musik seines Landes, die bekannt ist für ihre traurigen Liebeslieder, von den riesigen Dattelfeldern im Süden des Landes, die jetzt zu 70 Prozent zerstört sind, verdorrt und vergiftet wie so viele

Kindheiten des Irak. »Ja, am schlimmsten sind die Kinder dran. Die Krebsrate ist um das Zehnfache gestiegen, ebenso stiegen die Mißbildungen. Kinder ohne Arme und ohne Beine werden geboren, sogar ohne Kopf. Ein himmelschreiendes Elend, alles Folgeschäden der urananggereicherten Geschosse aus dem 1. Golfkrieg.«

Wir schweigen. Er sieht mich nicht an. Es kommt mir vor, als wäre es ihm peinlich, zu klagen. Und ich spüre, daß das Schlimmste für ihn diese Ohnmacht ist. So viel zu wissen und nicht gehört zu werden. Gegen eine Wand von Vorurteilen anzurennen.

»Warum sollten wir Araber die Amerikaner hassen?« fragt er, als müsse er sich entschuldigen. »Wir würden alle gerne mal nach Disneyland fahren, dieses wunderschöne Land dort bereisen, wir tragen ihre Kleidung, hören ihre Musik. Aber wir machen uns keine Illusionen über ihre Politik, wie die meisten Menschen in Deutschland. Im Westen kann man es sich leisten, die Geschichte zu ignorieren. In der moslemischen Welt sieht man da genauer hin. Wir sind informiert über ihre Kriege, ihre Interventionen, ihre Menschenrechtsverletzungen, und vor allem können wir ein Lied singen von der Gier ihrer Politiker. Wir haben nun mal das Objekt ihrer Begierde, diese unvorstellbar großen Ölvorkommen; im Süden des Irak ist die tiefste Stelle der gesamten Ölvorkommen der Region. Ob Iran oder Saudi Arabien – wenn dort kein Öl mehr ist, wird man es im Irak noch bekommen. Und es sind noch längst nicht alle Quellen erschlossen oder entdeckt.«

Ich zeige ihm Auszüge einer im Telegrammstil abgehaltenen Mail von einer befreundeten Journalistin, die gerade den Irak bereist hatte: »lieber konstantin, hier noch ein paar tips für deine reise: kurdistan ist landschaftlich eine sensation. man braucht für diese reise einen genehmigung bagdads, unbedingt NORDEN sagen, das Wort kurden mögen die nicht. auch in kurdistan wimmelt es von Geheimdienstlern, selbsternannten und bezahlten, aber es ist wesentlich angenehmer als in bagdad. die verängstigten menschen in saddams verwaltungsgebiet antworten am ehesten auf offene fragen a la how is life? auf fahren außerhalb bagdads überall militärbefestigungen mit anti-air- und anderem schießwerkzeug. an der binnengrenze richtung kurdengebiet gab's dutzende panzer und auf hügeln kanonen.«

»Hussein ist ein Diktator, ohne Frage«, sagt Mahmoud. »Aber er wurde während der Ära Reagan planmäßig aufgerüstet. Alle seine Greueltaten wurden in dieser Zeit von den USA ignoriert. Mittlerweile ist Saddam nur noch ein zahnloser Riese und wirklich nicht der einzige Diktator dieser Welt. Und gibt es nicht noch weitaus Schlimmere? Die Amerikaner unterstützen doch nur undemokratische Regime im nahen Osten. Hussein hat seinem Volk viel Leid zugefügt. Aber mehr leidet es unter den Sanktionen. Ich zweifle nicht daran, daß die Iraker ihn selbst hätten stürzen können. Die Dämonisierung dieses Mannes bringt mit sich, daß Hussein mit seinem Volk gleichgestellt wird. Als gäbe es nur ihn und keine Menschen in diesem Land. Wenn man ihn hätte entmachten wollen, hätte man das irakische Volk stärken, nicht vernichten müssen. Welcher Familienvater, der vierzehn Stunden am Tag schuften muß, um das Nötigste ranzuschaffen, hat dann noch Lust seine Regierung zu bekämpfen?«

Wir trinken Kaffee und Wasser und sprechen über die einseitige Berichterstattung der westlichen Medien. Und darüber, daß nie Bilder gezeigt werden von dem Elend des Irak, daß kaum bekannt ist, wie viele Hunderttausende seit 1991 gestorben sind, wir sprechen darüber, daß dieses Leid kein Gesicht hat bei uns.

Es ist bereits dunkel, und alles geht seinen gewohnten Gang in meiner Heimatstadt München. Der Bäcker gegenüber in der Dietlindenstraße räumt seine Brote aus dem Schaufenster, die Kids decken sich an der Tankstelle mit Cola-Dosen ein, im englischen Garten werden die Hunde noch mal von der Leine gelassen, man stylt sich für die Nacht, betrinkt sich, liebt sich, streitet und lacht ... Trotz etlicher Differenzen mit dieser Stadt: Ich fühle mich aufgehoben.

Als vor ein paar Tagen die Verkehrsbetriebe streikten, bereiteten uns die Zeitungen auf den Ausnahmezustand vor. Alles halb so wild. Wenn's hagelt, zahlt die Versicherung, bei Herzattacken ruft man den Notarzt, wenn man stirbt, wird man begraben.

Es ist zweifellos schön, hier zu leben.

Keine Heckenschützen in der Leopoldstraße, keine Landminen am Monopteros, kein ängstlicher Blick nach oben, wenn Sirenen heulen. Es kann sich nur um ein Versehen oder eine Übung handeln.

Frieden, seit über fünfzig Jahren. Wem habe ich das zu verdanken? Mir selbst oder Gott, dem Fleiß des deutschen Volkes, den Siegermächten oder gar meinem Karma? Wie eng verknüpft ist mein Wohlbefinden mit dem Leid auf der anderen Seite der Welt? Sehr eng! Bin ich verpflichtet, mir darüber Gedanken zu machen, oder soll ich mein Leben einfach laufen lassen, wie ich das lange genug getan habe?

Wir haben ein paar Minuten lang den Abend ins Zimmer ziehen lassen und, bevor wir das Licht anmachten, geschwiegen.

Ich frage Mahmoud, ob es noch irgend etwas geben könne, was die Amerikaner aufhalten könnte. Es geht ja nicht nur ums Öl, es geht ja auch ums Waffengeschäft und um Waffen, die darauf warten, losgelassen zu werden. Die Bestimmung einer Waffe ist es nun mal nicht, im Museum zu enden. Man will mit ihr und an ihrer Explosion verdienen, man braucht ein zerstörtes Land, um es wieder aufbauen zu können. Die Leichenfledderer sitzen doch schon zusammen und teilen sich einen Kuchen auf, der noch gar nicht gebacken ist.

Vor Jahren, am 12. Februar 1991 stand, damals fast unbemerkt von der übrigen Presse, im Berliner Tagesspiegel: »Die Londoner Regierung fordert mit größtem Nachdruck die Beteiligung britischer Unternehmen an dem Wiederaufbau in Kuwait, wenn der Krieg gegen Irak einmal vorüber ist. Die Briten erwarten eine bevorzugte Behandlung bei der Vergabe der Aufträge, welche den eigenen militärischen Beitrag zur Befreiung des Landes in Rechnung stellt. Der Korrespondent der Financial Times berichtet aus Riad über das Treffen: ›Peinlichkeit bei den Diskussionen war nicht zu erkennen, obwohl Kuwait erst noch befreit werden muß, und ein großer Teil der Infrastruktur, welche britische Unternehmen wieder aufbauen wollen, *noch gar nicht zerstört ist*!!! Jede erfolgreiche britische Bombe ist daher kommerziell und finanziell auch ein möglicher Erfolg für die britischen Firmen, die gerade in einer Zeit der Rezession dankbar für Aufträge sind. Das gleiche gilt prinzipiell genauso für alle anderen Mitglieder der Allianz gegen Hussein, voran die USA.‹«

»Vielleicht versteht man dadurch den heute offenbar völlig ferngesteuerten Tony Blair etwas besser«, sage ich.

Mahmoud schweigt. Ich muß von ihm noch lernen, so ruhig und ohne Groll zu sein.

»Das System braucht Kriege, um wirtschaftlich nicht zu kollabieren«, sage ich.

»Bereits George Bernhard Shaw erkannte illusionslos: Alle Kapitalisten, die ich kenne, hassen den Krieg. Und trotzdem: Sinkt der Zins um zweieinhalb Prozent, folgt mit der gleichen Gewißheit Krieg, wie die Nacht dem Tag folgt.

An einem Tag des Irakkrieges würde genauso viel Geld verpulvert, wie Misereor in dreißig Jahren an Spenden gesammelt hat. Man muß sie vergessen, die edlen und humanitären Gründe der Kriegstreiber. Kriege sind ein Bombengeschäft. Und sonst gar nichts.«

Wir umarmen uns zum Abschied, und ich frage Mahmoud, was ich denn noch tun könne. Was ich mitnehmen sollte auf meine Reise. Wie ich den Menschen dort helfen könne.

Er unterbricht mich: »Ja, natürlich, nehmen Sie Medikamente mit und vielleicht auch etwas Geld, aber das Wichtigste ist: Gehen Sie an die Öffentlichkeit. Berichten Sie über das, was Sie gesehen haben, erzählen Sie den Leuten hier von meinem Land, den Menschen und von ihrer Freundlichkeit. Ihnen wird man vielleicht glauben. Wenn ich etwas sage, heißt es immer, der ist doch befangen. Ich bitte Sie, berichten Sie allen, was Sie erleben und empfinden. Sagen Sie die Wahrheit.«

Ich will es versuchen.

29. Dezember 2002

Habe gerade versucht, mir eine Liste der Lieder zusammenzustellen, die ich bei einem eventuellen Konzert in Bagdad singen würde. Wird ein Klavier da sein? Wird mich irgend jemand, außer den zwölf mitreisenden Deutschen, verstehen?

Oder sollte ich einfach, wie vor vielen Jahren einmal in München, in einem Saal der jüdischen Gemeinde, als man vergessen hatte, für meinen Auftritt ein Klavier zu bestellen, mein Programm a capella singen? Manche sagen, das sei mein intensivstes Konzert überhaupt gewesen.

Manchmal habe ich es schon bedauert, nicht Gitarre spielen zu können. Meine Fähigkeit auf diesem Instrument beschränkt sich leider nur auf drei Akkorde, und keines meiner Lieder könnte ich damit begleiten. Und ehrlich gesagt, so richtig gut geeignet, um sie mit anderen zusammen zur Gitarre, zum Beispiel am Lagerfeuer, zu singen, waren meine Songs leider nie. Ich habe das schon oft in ähnlichen Situationen wie jetzt bedauert. Ob in Kneipen, auf Festen, bei Demos – eben immer dann, wenn nicht zufällig ein Flügel oder ein Klavier rumstand.

Diesmal wird jedenfalls ein Hannes-Wader-Lied in meinem Reisegepäck sein: »Schon so lang.« Ich habe es auf meiner Herbsttour jeden Abend gesungen, und es ist mir wie ein eigenes ans Herz gewachsen. Hannes besitzt, im Gegensatz zu mir, diese Fähigkeit, Volkslieder im schönsten Sinn des Wortes zu schreiben.

Habe einige Tage nicht mehr meditiert. Und wenn sich auch augenscheinlich nichts verändert, kommt es mir vor, als würde mir langsam der Boden unter den Füßen weggezogen.

Seit fast sieben Jahren meditiere ich nun schon. Mehr oder weniger regelmäßig jeden Tag, in manchen Zeiten sehr intensiv, in manchen auch ziemlich lax, und eigentlich hat sich dadurch nichts ereignet, worüber es sich zu berichten lohnte. Trotzdem hat sich mein Leben systematisch durch diese Zeit der Stille verändert. Nicht plötzlich und offensichtlich, eher sehr mählich, ja, unmerklich, und ohne daß ich das Ergebnis benennen könnte. Ich bin nicht unbedingt ruhiger geworden, neige nach wie vor zu Wutausbrüchen, bin eindeutig kein besserer Mensch deswegen. Einzig bin ich mir all dessen, was ist, weitaus bewußter. Ohne gleich alles, was mir an mir nicht behagt, ändern zu können. Krishnamurti schreibt, ein Dummkopf bleibe auch nach zwanzig Jahren Meditation ein Dummkopf, und trotzdem empfiehlt er auch ihm, zu meditieren.

Meditation allein ist sicher nicht der Schlüssel zur Weisheit, aber ohne Meditation fehlt mir der Antrieb, den Weg der Achtsamkeit und der Selbsterkenntnis, den Weg zum Selbst weiter zu beschreiten. Erst in diesen kurzen Momenten des Nicht-Denkens – man versuche mal ohne Übung auch nur eine halbe Minute nicht zu denken! – erahnt man diese glückselige Verbundenheit mit allem, was war und sein wird, erahnt den Zustand im »Nu«, wie er bei uns im Mittelalter genannt wurde, diesen ewigen Moment, der eben nicht in der pulsierenden Zeit, sondern nur jenseits dieser Zeit zu finden ist.

Nun, es scheint Menschen zu geben, die auf diesem Weg viel weiter vorgedrungen sind als ich, und die werden jetzt vielleicht über meine Versuche lächeln. Aber es heißt ja tröstlicherweise, es gebe so viele Wege zur Erleuchtung, wie es Menschen gibt. Also humple ich auf meinem mal munter weiter. Sicher ist, daß Kontemplation niemandem hilft, seine Neurosen in den Griff zu kriegen, und Psychotherapie einem nicht unbedingt Erleuchtung oder ein Gotteserlebnis bescheren wird. Und daß Bildung nicht vor Depressionen schützt und Dummheit kein Patentrezept ist für Glück. Auch wenn Gottfried Benn so schön, so ironisch wie neidisch feststellt: Dumm sein und Arbeit haben – das ist Glück.

6. Oktober 2002:

Heute hat mir mein Sohn Valentin ein kostbares Geschenk gemacht: »Papa, ich hab dich so lieb, ich möchte, daß du nie stirbst. Und ich möchte daß alle Menschen so aussehen wie du. Die Männer, die Frauen, die Engel, auch die Frauenengel und sogar der liebe Gott.« Schlaf gut, mein Sohn, und gebe Gott, daß es mir immer gelingt, dich zu beschützen.

Ich fühle mich sehr hilflos in diesen Tagen. Keine Anbindung ans Göttliche, keine Ideen, keine Poesie. Wenn man sich zu ausschließlich auf den Intellekt einläßt, macht das unsicher. Und diese Unsicherheit muß man wieder mit intellektuellen Gebärden kaschieren. Gibt es denn keinen Frieden in einem selbst? Der drohende Krieg und der Unfrieden in mir gehen Hand in Hand. Bedingt mein Unfrieden den Krieg? Meine Unsicherheit die Weltlage? Was für ein obszöner Gedanke. Und doch aufschreckend wahr.

Dienstag, 10. September 2002

Ich werde mir bis zum Beginn der Herbsttour ein paar Wochen Auszeit nehmen, in erster Linie, um zu versuchen, das momentane Chaos in meinem Kopf wieder einigermaßen auf die Reihe zu bringen. Manchmal überrennen einen die Gedanken so, daß das Empfinden auf der Strecke bleibt. Das läßt sich nur in der Stille wieder ins Gleichgewicht bringen.

In der letzten Zeit erreichte mich eine solche Flut von Einsendungen, daß ich leider nicht mehr in der Lage bin, alles zu lesen, geschweige denn, zu beantworten. Ich weiß, wie enttäuschend es ist, wenn man keine Antwort bekommt, und ich werde nie vergessen, wie ein junger Mann mir einmal tadelnd schrieb, daß Hermann Hesse, im Gegensatz zu mir, alle (!) Briefe beantwortet hätte. Ich weiß diese Leistung zu schätzen, und ich kann nur bekennen, wie sehr ich das bewundere. (Zudem hätte ich auch noch gerne »Siddhartha«, »Steppenwolf« oder »Demian« geschrieben.)

Die Medien prügeln sich derzeit nicht unbedingt um meine Meinung zum Thema Krieg, und die Musiksendung im Fernsehen, in die meine Lieder passen, muß erst noch erfunden werden. Zudem: Der öffentliche Ton der politischen Kritik stößt mich mehr und mehr ab, und dieser Ton ist mir auch in einigen polemischen Briefen an mich aufgefallen. Ich habe nichts gegen Kritik, sie gehört zum öffentlichen Beruf ganz selbstverständlich dazu und muß ausgehalten werden. Auch ich kritisiere ja andere. Aber ich versuche mir immer vor Augen zu halten, daß uns alle eine Art Schatten begleitet, jenes Unerforschte, Verborgene in uns, das sich meist in dem offenbart, was wir an anderen kritisieren.

Das Prinzip unserer bürgerlich-kapitalistischen Sozialisation lehrt uns leider einen Selbstwert, der, oft nur notdürftig gehemmt, durch Erniedrigung und Demütigung anderer erkauft werden darf.

»Schafft Huren, Diebe, Ketzer her und macht das Land chaotisch,/ dann wird es wieder menschlicher und nicht mehr so despotisch« – das habe ich als sehr junger Mann mal gesungen. Natürlich ist das nicht allzu differenziert – aber doch eigentlich ganz hübsch ...

ES WAR IMMER DIE CHANCE DER KÜNSTLER, IDEALISTEN ZU SEIN

Ein Interview von Gaby Dietzen, Phoenix TV,
November 2001 (Auszug)

Ich will den Ton hervorbringen,
der durch mein Leben entsteht.

Martin Walser

GABY DIETZEN: Herr Wecker, Sie haben in Ihrem Leben so ziemlich alles erlebt. Höhenflüge, aber auch einen ganz tiefen Absturz. Haben Sie sich jetzt so mit vierundfünfzig ein bißchen in der Mitte eingependelt?

KONSTANTIN WECKER: Ich weiß nicht, ob das jetzt die Mitte ist. Ich bin mehr als früher auf alles Mögliche gefaßt, und wenn das die Mitte ist, dann ist es gut. Ich denke, wenn man über so viele Jahre diese Kurven und Höhen und Täler erlebt hat, dann nimmt man sowohl die Täler als auch die Höhen nicht mehr so ernst. Ich glaube, daß ich nun die Dinge gelassener auf mich zukommen lasse.

Ist das die Gelassenheit des Alters, die da kommt?

Na ja, es hat sicherlich auch viel mit dem Alter zu tun. Aber es ist auch sehr viel Arbeit an so einer Gelassenheit, die kommt ja nicht einfach von selbst. Ich bin erst sehr spät erwachsen geworden. Erst ab dem Moment, ab dem ich beschlossen habe, Verantwortung auf mich zu nehmen.

Dieser Moment war wann? War das, nachdem das mit dem Kokain aufgeflogen ist?

Ja, da ist etwas Interessantes passiert. Mit vierzig fühlte ich mich noch wie zwanzig. Da habe ich gar nicht daran gedacht, daß ich vierzig bin. Dann war ich zwischen vierzig und fünfzig doch in einem ziemlichen Dämmerzustand. Es gab wache Momente, aber der Gesamtzustand war nicht wirklich wach. Und dann wachte ich auf und war zehn Jahre älter. Ich bin eigentlich über Nacht vom Zwanzigjährigen zum Fünfzigjährigen geworden. Das war ein sehr harter Schritt.

Dreißig Jahre so auf die Schnelle, ja, das ist schwer zu verkraften, zweifellos. Wie haben Sie es denn in den Griff gekriegt?

Ich hätte das wohl alles nicht in den Griff bekommen, wenn ich nicht angefangen hätte zu meditieren, meine Spiritualität wiederzuentdecken. Eine Spiritualität, die man mit Drogen vertiefen möchte und gerade durch sie verliert.

Die Sucht war ja da, Sie haben immer offen dazu gestanden, waren auch dann froh, daß das irgendwann ein Ende nahm, und dann war auf einmal der Konstantin Wecker in allen Zeitungen, nur über den Sänger und Autor hat man nicht mehr gesprochen, sondern nur über diesen kranken Mann. Und jeder hat sich gefragt, wie soll das jetzt weiter gehen? Das war eine Frage, die Sie ja sicherlich am meisten bewegt hat. Haben Sie so was wie ein Hoffnungsschimmer gesehen, so ein Licht am Ende des Tunnels?

Ich hab mich damals um meine Karriere nicht gekümmert. Ich wußte zwar, ohne Klavierspielen und Singen kann ich nicht überleben, und irgendwie ging das ja auch, denn ich hatte eine treue und kleine Gemeinde, die auch in den schweren Zeiten zu den Konzerten kam. Aber eigentlich hat mich nur interessiert, wie komme ich verwandelt aus dieser Krise wieder raus? Ich muß dazu noch sagen, weil das nie so richtig dargestellt wurde, daß ich wirklich kurz vor dem Tod stand zum Zeitpunkt meiner Verhaftung. Das war nicht ein »schicki«-mäßiges Kokainnehmen, ich habe »gebased« das letzte Jahr, dann ist es eine wirklich tödliche Droge.

»Gebased« heißt was, für die nicht so Aufgeklärten?

Base ist eine reinere Form des Crack, eine Aufbereitung des Kokains, um es rauchen zu können. Das verlangt alle drei bis vier Minuten nach einem neuen Kick, wirklich eine perverse

Droge. Das ist ein Zustand, der dann nur noch »Junk« ist, da ist nichts Schickes mehr dabei, da will man sich auch nicht mehr verabreden in irgendwelchen Kneipen, sondern bleibt zu Hause und versucht, noch ein paar Süchtige um sich zu scharen, und dann gibt es nur noch ein einziges Thema, und das ist die Droge. Der Endzustand einer Sucht. Irgend etwas muß da in mir selbst abgeschlossen haben mit dem Leben, denn klug genug war ich zu diesem Zeitpunkt noch, um zu wissen, daß man so was auf die Dauer nicht überleben kann. Das war schon in gewisser Weise ein Selbstmord auf Raten. Der nicht nur unbedingt durch die Droge bestimmt war, sondern auch durch so viele Verhärtungen, die sich im Laufe der Jahre gebildet hatten. Das Allerschlimmste war wahrscheinlich, daß ich begonnen hatte, mich selbst zu kopieren, schon ein paar Jahre vorher. Ich hab gewußt, was man von mir erwartet, nämlich immer der Lebendige, der Mutmachende, der Vitale zu sein, einer der auch nach dem Konzert die Nächte durchmachen kann, doch ich wußte, daß ich das schon lange nicht mehr war. So einer kann man nicht immer sein, das ist einfach nicht möglich. Aber ich hab das den Leuten geboten, und die Authentizität, die eigentlich mein Plus war die ganze Zeit über, war weg. Das hab ich gespürt, das hat das Publikum gespürt, die Leute haben mir damals erschütternde Briefe geschrieben. Es gab sicherlich noch tolle Momente in manchen Konzerten, einfach aus dieser Ekstase heraus, so wie vielleicht bei Janis Joplin in manchen Momenten kurz vor ihrem Tod, da gab es schon Highlights, aber im Endeffekt war das eine klägliche Angelegenheit.

Aber Sie sagten ja eben selbst, Sie waren intelligent genug, um zu wissen, was Sie tun, kann man da nicht aufhören, will man da nicht aufhören? Wie kam es, daß es dann doch zum Stop kam?

Die Droge ist ab einem bestimmten Moment übermächtig, wie

alles, was sich durch den Umgang mit ihr ergibt. Auch wenn ich die Droge im nachhinein mehr als ein Symbol sehe, als ein Symbol einer seelischen Vereisung. Ich wußte, entweder ich gebe etwas von mir auf, oder ich zerstöre mich oder andere. Und ich habe mich Gott sei Dank nur für meine eigene Zerstörung entschieden. Man steht oft in seinem Leben an so einem Wendepunkt: Entweder man ist bereit etwas von sich aufzugeben, sich wirklich neu zu gestalten, sich neu zu erfinden, Gewohnheitsmuster zu durchbrechen, oder man wird statt dessen lieber andere zerstören, man wird in den Krieg ziehen. Irgendwann ist dann ein Mechanismus dabei, den man alleine nicht mehr durchdringen kann. Man muß so tief sinken, so tief, daß man dann vielleicht noch eine Chance kriegt. Ich lag ja immer noch nicht wirklich im Rinnstein, ich hatte immer noch Möglichkeiten, wie zum Beispiel Bankkredite. Erst als ich sie dann gebraucht hätte für vernünftige Sachen, hab ich keine mehr bekommen. Ich glaube schon, daß mir in meinem Fall, obwohl ich das sehr vorsichtig ausspreche, in meinem speziellen Fall, die Verhaftung geholfen hat. Ich sage das so vorsichtig und mit Bauchschmerzen, weil ich damit auf keinen Fall der Forderung Vorschub leisten möchte, man sollte Drogensüchtige gefälligst verhaften. Es hätte auch bei vielen anderen nichts genützt. Als ich im Gefängnis war, redeten die meisten Drogensüchtigen nur davon, wie sie sich sofort nach ihrer Entlassung wieder was besorgen würden, oder auch im Gefängnis selbst, denn jeder weiß ja, daß es im Gefängnis genügend Drogen gibt. Ich hatte das fast schon unverschämte Glück, vielleicht bedingt durch die innere geistige Vorarbeit, daß etwas in mir vom ersten Tag meiner Verhaftung an beschloß, die einmalige Chance zum Überleben zu nutzen. Sicher aber auch, weil ich in einem Elternhaus groß geworden bin, das mir in meiner Kindheit sehr viel Liebe zukommen ließ. Die Psychologin Alice Miller schreibt, die größte Chance, von einer Drogensucht freizukommen, besteht dann, wenn man sich zurückerinnern kann an ein glückliches Leben vor der Droge. Wie tragisch für Menschen, die vor dem ersten Kick noch nie ein glückliches Leben hatten, die eine lieblose Kindheit hatten.

Die haben sozusagen keine Chance.

Nein, nach Alice Miller haben sie sehr wenig Chancen. Obwohl es mittlerweile auch für diese Fälle gute Therapiemöglichkeiten gibt. Auf jeden Fall war von der ersten Sekunde an für mich klar, ich möchte überleben, und ich möchte nicht nur überleben, ich möchte anders leben, ich möchte die Chance dieser Krise nutzen.

Wie war das damals im Knast, ein normaler Mensch kommt da ja nicht rein, wie fühlten Sie sich da? Normaler Mensch ist das falsche Wort, normalerweise kommt man da nicht so schnell rein.

Na ja, Sie ahnen gar nicht, wie viele normale Leute da drin waren. Aber gut – die eine Seite ist schrecklich, es ist leidvoll, man ist eingesperrt, die andere Seite ist, ich hatte endlich die Chance, auf mich bezogen zu sein.

Brauchten Sie diese Gitter, oder diese Enge um sich herum?

Die Ablenkungsfreiheit war so notwendig. Also das, was ich mir jetzt immer wieder mal nehme ein paar Mal im Jahr. Egal ob ich in ein Kloster gehe oder in die Berge, um wirklich ganz mit mir allein sein zu können. Was ich mir jetzt freiwillig nehme, das hätte ich mir früher schon verordnen sollen: Die Zeit, mit sich allein zu sein, und wenn es am Tag nur zwei Stunden sind. Ich stehe meistens ein bis zwei Stunden früher? auf, bevor die Kinder aufwachen, oder bevor mein Tagesablauf beginnt. Da tu ich nichts Weltbewegendes. Und gerade deshalb ist das eine ganz wichtige Zeit, in der man, wie die Mystiker sagen, »in die Stille geht«. Einfach mal ruhig dasitzen und versuchen, die Gedanken schweigen zu lassen, denn nur auf diese Weise hat auch etwas Tieferes die Chance, in einem hochzukommen, nicht gestört durch das dauernde Geschwätz der Gedanken. Denn wie wir alle wissen, sind die Gedanken, die uns dauernd quälen und treiben, nicht immer die klügsten und erhabensten.

So ist es zweifellos, ja.

Und genau das alles habe ich mir nicht gegönnt die letzten zehn bis fünfzehn Jahre. Ich hab mich zu viel abgelenkt ... Doch zurück zu den Tagen im Gefängnis. Im nachhinein verklärt sich ja so was auch gerne, das wissen Sie vielleicht selbst aus ihrer eigenen Geschichte. Leidvolle Tage sind dadurch, daß sie wichtig wurden für einen – was man aber erst nachher erkennt – im Rückblick oftmals verklärt, so daß ich heute das Gefühl habe, ich war nie im meinem Leben so bei mir selbst und so mit meinem Innersten zusammen, wie im Gefängnis.

Aber das bringt Sie nicht in Versuchung, diesen alten Weg noch mal zu beschreiten? Sie sind clean, Sie wissen, daß eine Sucht ein Leben lang gefährlich ist. Kann man sich schützen? Wie schützen Sie sich?

Man muß radikal sein gesamtes Leben umstellen. Ich habe versucht, etwas Neues zu gewinnen, nicht einfach mit etwas aufzuhören. Aber was ist nun dieses Neue, das es zu gewinnen gilt? Ich wurde oft zu Symposien eingeladen, konnte viel mit Angehörigen von Süchtigen sprechen, ich bin heute noch in Kontakt mit Betroffenen. Die Frage ist, wie kann man jemandem klar machen, daß er etwas gewinnt, wenn er mit dem Vergnügen der Droge aufhört? Und das ist sehr schwer, weil das, was man gewinnt, etwas Inneres ist, die Erkenntnis, daß es außer dem Vergänglichen auch etwas Unvergängliches gibt. Ich spreche hier keine religiösen Dinge an, die können religiös sein, die kann man auch religiös verwenden, wenn man will, ich sage aber ganz bewußt nicht »religiös«, denn ich möchte mich nicht auf eine Ideologie einengen lassen. Für mich ist Spiritualität noch etwas anderes, darum verwende ich auch den Ausdruck spirituell lieber als den Ausdruck religiös. Ich habe da ein schönes Beispiel, das hat mir mal ein Obdachloser erzählt: »Religiös sind Leute, die Angst haben vor der Hölle, spirituell sind Leute, die durch die Hölle gegangen sind.« Und dieses Wunderbare, das man gewinnt, ist das Gefühl, daß es in einem selbst etwas Unvergängliches geben kann, einen Frieden, der nichts anderes mehr braucht als sich selbst. Wenn man still sitzen könnte, weder Fernsehen schauen müßte, noch irgendwo hingehen, auch keinen bräuchte zum Sprechen – ich glaube, da sind wir uns einig –, dann wäre man ein wirklich freier Mensch.

Aber zwei oder vier Stunden werden dann auch sehr lang?

Das ist ein Zustand außerhalb der Zeit, aber aus unserer Sicht wäre er natürlich sehr lang. Drum ist es ja auch so, daß das nur Erleuchtete oder Weise schaffen, und das sind wir ja nun alle nicht. Aber es gibt Momente, wo es spürbar ist, daß diese Möglichkeit in einem wohnt. Das ist das Selbst, oder der Zeuge. Das ist auch nicht das Ich, das Ich ist ja trügerisch, das Ich wandelt sich im Laufe der Jahre, das Ich will immer etwas haben, ist egozentrisch, das Ich ist eine Person, die man sich selbst vorspielt. Hinter dem Ich wohnt noch etwas, anders kann ich es nicht sagen. C. G. Jung sagte mal, über eine religiöse Erfahrung könne man nicht streiten, man könne sie nur jemandem mitteilen. Der, dem man das mitteilt, der kann dann sagen: Das ist Quatsch, was du erzählst. Oder der kann sagen: Oh, interessant, kann ich das auch mal erfahren, das würde mich eigentlich reizen.

Ich beobachte Sie, und Sie spielen gerne und ständig an ihrem Ehering. Wie weit hat Ihnen Ihre junge Frau in dieser Situation geholfen? Die war ja schon an Ihrer Seite, wenn auch noch nicht verheiratet.

Sie hat mir sicherlich sehr geholfen, einfach durch die Tatsache – was für mich unbegreiflich war damals und vielleicht auch heute noch unbegreiflich ist –, daß sie dieses Monster geliebt hat, das ich zu diesem Zeitpunkt war, als ich noch unter Drogen stand. Da muß ja eine Zauberkraft von Liebe im Spiel gewesen sein, und es stimmte ja das Klischeebild nicht vom reichen alten Mann und der jungen Frau. Kurz nach unserem Kennenlernen wurde ich verhaftet, sah schrecklich aus, und dann war ich auch noch pleite. Und meine Frau blieb trotzdem bei mir. Also muß da etwas mitgespielt haben, was über das normale menschlich-gesellschaftliche Vermögen hinausgeht. Das muß die Liebe sein. Natürlich hat mir das unglaublich geholfen, aber ich habe mich trotzdem immer bemüht, mir zu sagen: Ich kann mir nicht von ihr – sie ist ein junger Mensch – helfen lassen. Ich muß mir ebenso selbst helfen, wie ich mich selbst hineinmanövriert habe. Ich habe auch nie meinen Dealer oder irgendwelche äußerlichen Umstände schuldig gesprochen. Es war meine Situation, ich habe mich da hineinmanövriert, ich mußte auch alleine wieder raus. Natürlich kann man Hilfe annehmen. Professionelle Hilfe war damals allerdings sehr schwer für mich zu finden, man muß sich sehr gut auskennen in Psychotherapien. Mittlerweile kenne ich die richtigen Psychologen, aber man sollte eben sehr vorsichtig sein bei der Wahl seines Therapeuten.

Aber diese junge Frau hat Ihnen doch viel Halt geboten, und als dann das erste Kind da war, da war auch klar, da ist jetzt eine neue

Verantwortung, die auch getragen werden muß, und zwar auf Jahrzehnte.

Ja, und das war dann auch der endgültige Entschluß, mich dem Erwachsenwerden zu stellen. Ich weiß noch, daß ich früher immer gesagt habe: »Ich will nicht erwachsen werden, und ich möchte pubertär bleiben!« Ich fand mich ganz toll dabei, doch in Wirklichkeit habe ich nichts anderes gemacht, als gesellschaftskonform zu sein. Unsere Gesellschaft will ja überhaupt pubertär bleiben. Kein Mensch will hier erwachsen werden. Es laufen dauernd fünfzigjährige Männer herum, die sich wie Zwanzigjährige benehmen.

Wie äußert sich das?

Das äußert sich zum Beispiel an ihrer unerträglichen Eitelkeit. Das ist, wie gesagt, ein gesellschaftliches Phänomen. Die Marktwirtschaft braucht pubertäre Menschen. Ein in sich ruhender Mensch ist nicht ständig auf der Suche nach neuen Markenprodukten, Äußerlichkeiten, die ihm bei der Bereinigung seiner seelischen Probleme helfen sollen – ein Ding der Unmöglichkeit.

Also Sie sind jetzt erwachsen geworden und haben inzwischen auch zwei Kinder, dann ändert sich doch das ganze Leben, wenn zwei Kinder im Haus wohnen!?

Wir beide haben nicht geahnt, wie sich ein zweites Kind noch verändernder auswirkt als nur ein Kind. Zum Beispiel, wenn man beide Kinder anziehen will, um nur mal eine Viertelstunde das Haus zu verlassen, und die sich dann währenddessen vielleicht auch noch streiten. Dafür muß man dann schon eine halbe Stunde Anziehen einrechnen, dann ist man schon bei einer Dreiviertelstunde. Es ist für meine Frau nicht mehr so einfach, mich bei meiner Tournee zu besuchen und dergleichen mehr. Es ist alles sehr viel schwieriger geworden, aber das ist nun so, und ich liebe natürlich mein zweites Kind genauso wie mein erstes.

Sie haben eben gesagt, als dann endlich diese schlimme Drogensache ausgestanden war, waren Sie erst einmal pleite. Das sind ja auch keine schönen Zukunftsaussichten: jung verheiratet, Kind, und man will ja selbst auch noch ein paar schöne Jahre vor sich haben. Arbeit alleine war sicherlich auch nicht die richtige Therapie. Wie geht man dann in diesen nächsten Lebensabschnitt rein, wenn man weiß, die Gläubiger sind hinter einem her, man hat einen Buckel voller Schulden, und weiß auf die Schnelle auch gar nicht, ob man das wirklich schafft?

Auch da hat mir geholfen, die Zukunft einfach nicht mehr so ernst zu nehmen. Ich glaube das größte Unglück in unserem Dasein ist, daß wir andauernd geplagt von Zukunft und Vergangenheit sind. Je mehr wir von der Zukunft geplagt sind und von den Sorgen um die Zukunft, die natürlich immer da sind, je gewichtiger das wird, desto weniger können wir in der Gegenwart leben. Und die einzige Möglichkeit ist, jetzt im Dasein da zu sein. Das wäre das wirkliche, wahre Glück. Ich habe solche Momente des reinen Seins im Jetzt schon erlebt. Einmal zum Beispiel, als ich im Zug fuhr und beim Betrachten der Bäume draußen nicht mehr das Gefühl hatte, ich sehe den Baum, sondern ich bin der Baum. Zeitlose Momente, die einen aufbauen und an denen man sich festhalten kann.

Aber dann gibt es wieder die anderen Momente, die einen wieder runter ziehen. Wenn man darüber nachdenkt, wie bezahle ich meine Miete, wie bezahle ich das Essen. Es sind ja ständig Ausgaben da, die man nicht beeinflussen kann, selbst wenn man nicht alles braucht, was man sieht.

Ich glaube, da hilft nur ein großes Gottvertrauen, daß schon wieder alles in irgendeiner Form ins Lot kommen möge. Wir haben uns natürlich auch sehr beschränkt, und das fiel uns auch gar nicht schwer. Wir haben uns problemlos aus dem sogenannten gesellschaftlichen Leben ausgeklinkt. Und dann hat mir diese fatale finanzielle Situation auch sehr geholfen, mich wieder intensiv mit der gesellschaftlichen, politischen Lage zu beschäftigen. Wenn man merkt, daß es am Notwendigen mangelt, fängt man wieder an, politisch zu denken. Ich weiß nicht, ob wir nicht alle schon zu sehr von Luxuswünschen verdorben sind. Wie wichtig ist Kleidung, Aussehen, Outfit, um nach außen zu wirken. Man kann auch innerlich nach außen wirken, aber das kann man nur, wenn man sich nicht darum kümmert, wie man nach außen wirkt. Durch solche Schicksalsschläge und die Gespräche, die sich daraus ergeben, kommt man zu einem anderen Handeln. Ich glaube, da sollte man vor allem als Achtundsechziger sehr selbstkritisch mit sich umgehen. Ich weiß genau, wie wir in den siebziger Jahren plötzlich alle alternativ sein wollten. Man hat nur noch Kaffee aus Nicaragua gekauft und sich eine bestimmte Kleidung angezogen, und dann war man alternativ. Wehe, einer hat anders ausgesehen! Ob das wirklich alles so verinnerlicht war, ist die andere Frage. Ich will das jetzt nicht verdammen, das war sicher ein lobenswerter Ansatz. Es war aber auch sehr viel Show und wenig Reflektion dabei. Bin ich das, was ich vorgebe zu sein? Ich glaube, man muß erst einmal lernen, daß es wichtiger ist durch Gedanken, Gespräche, also durch Verinnerlichen der Situationen, zuerst einmal das zu werden, was man vorgibt zu sein. Dann braucht man sich nicht mehr darum zu kümmern, ob man es nach außen auch ist.

Mit wem führen Sie denn solche Gespräche bzw. wie viele Freunde sind Ihnen geblieben, mit denen Sie sich wirklich ehrlich und ernst über Gott und die Welt unterhalten können?

Ich habe ein paar neue Freunde gewonnen. Nicht nur meine Frau, die auch mein Freund ist. Mein Schwiegervater, der mir sehr geholfen hat.

Der rechnen kann und mit Geld umgehen kann.

So ist es, im Gegensatz zu mir ... und ich habe von den alten, wirklichen Freunden auch in dieser Zeit keinen verloren. Die haben zum Teil ähnliches wie ich durchgemacht. Ich würde sagen, ich bin dann stellvertretend für sie durch Schwierigkeiten gegangen, durch die sie, Gott sei Dank, nicht gehen mußten. Aber viele von denen, die sich gerade in den letzten 15 Jahren als Freunde anboten, haben sich verflüchtigt. Ich war damals auch viel zu sehr in meiner eigenen Welt, meiner eigenen Wirklichkeit, um meine Umgebung zu durchschauen. Meine Mutter, auch eine sehr gute Freundin und nicht nur meine Mutter, war die einzige, die mich immer warnen wollte, die meine Drogensucht nie akzeptiert hat. Sie hat mir immer gesagt: »Konstantin, wie schaust du aus? Schau dich an!« Sie hat mich immer genervt, bis ich sie angebrüllt und fertig gemacht habe. Jetzt schreiben mir viele verzweifelte Mütter, und ich versuche dann, mein Beispiel zu erzählen und mache ihnen klar, daß es nicht gegen sie, die Mütter geht. Es ist die Droge, die aus ihren Kindern spricht. Das soll ein Trost sein, falls gerade jemand zuhört mit ähnlichen Problemen.

Wir haben eine Menge Zuschauer und sicherlich auch den einen oder anderen darunter, der diese Probleme hat, und vielleicht hilft es ja. Sie beobachten ja die Politik, seit über dreißig Jahren, Sie sind ein Alt-Achtundsechziger, was sagen Sie zu der Politik, die zur Zeit ehemalige Achtundsechziger in Deutschland offiziell zu vertreten haben?

Da komme ich gleich drauf ... Sie haben mich vorhin gefragt, mit wem ich mich austausche. Ich habe neue Freunde gewonnen, denn dadurch, daß ich mich in einem anderen Bewußtsein bewege, habe ich zum Teil auch Menschen wiederentdeckt, die ich früher abgelehnt hätte. Früher hätte ich vielleicht gesagt, die sind zu langweilig, eventuell deswegen, weil sie nicht so wie ich die Nächte durchgefeiert haben. Und jetzt spüre ich plötzlich, so langweilig waren die gar nicht, die sind vielleicht viel interessanter, als ich damals dachte. Darüber hinaus lerne ich immer weiter wunderbare Menschen kennen, mit denen ich mich wirklich sehr rege austauschen kann. Und vergessen Sie nicht mein Publikum! Ich habe, und da komme ich jetzt auch auf das aktuelle Thema zu sprechen, nach dem 11. September 2001 im Gästebuch auf meiner Website, richtig die Forderung meines Publikums gespürt, Stellung zu beziehen. Gleich ein paar Stunden nach dem Anschlag war das schon. Und es ist – für Sie als Journalistin wird es ähnlich schwer gewesen sein – nicht einfach, sich dann plötzlich öffentlich zu äußern, weil man alles noch gar nicht verdaut und verarbeitet hat. Andererseits hat mich das auch gezwungen, mir eben sofort Gedanken zu machen. Ich habe dann eine Stellungnahme abgegeben in meinem Tagebuch, daraufhin entwickelte sich eine sehr schöne Diskussion, das Gästebuch war dann kein Gästebuch mehr, sondern ein Forum, und da konnte man wieder mal sehen, was ich doch für ein intelligentes Publikum habe. Das hat mir wirklich sehr viel Freude bereitet. Durch die Einträge habe ich sehr viele »Links« bekommen zu anderen Gruppierungen, zum Teil Friedensgruppierungen oder linken Gruppen, so daß man also in der ersten Woche, als eine absolute Lähmung in den Medien war, eine Gleichschaltung sondergleichen erreicht hatte.

Sie haben kein PHOENIX geguckt?

Ich wollte gerade sagen, doch, ich habe PHOENIX geguckt, und ich muß auch PHOENIX ein wirkliches Lob aussprechen, nicht weil ich hier sitze. Ich habe mich ja in letzter Zeit im TV ziemlich rar gemacht. Meine Mutter hat mich angerufen und gesagt: Sofort PHOENIX anschalten, da ist Horst Eberhard Richter. Ein Sonnenschein war das für mich, daß Richter was sagen durfte, was nicht Mainstream war, sondern was auch mal psychologisch durchdacht war. Er war einer der Ersten, der damals schon gesagt hat, wir müssen all jene Muslime mit einbeziehen, die auch gegen die Terroristen und gegen die Fundamentalisten sind. Das war in diesen Tagen schon fast ketzerisch ... Also – durch meine Website bin ich in Dialog gekommen mit intelligenten Menschen. Ich hab dann den Aufruf unterschrieben »Gewaltspirale durchbrechen!«, das hab ich auch nur über das Internet erfahren, und ich merke jetzt bei den Konzerten meiner Tournee, was für ein Schulterschluß da mit meinem Publikum stattfindet. Das gibt einem in solchen Zeiten unheimliche Kraft, und viele bedanken sich bei mir, aber eigentlich müßte ich mich bei ihnen bedanken. Denn wir rücken für zwei bis drei Stunden so eng zusammen, daß es einem richtig warm wird. Ich habe ein Lied in meinem Konzert, und das beantwortet nun Ihre Frage, wo ich den Willy, den guten alten Willy, wieder ausgrabe, mit ihm spreche und ihm in etwa sage: Willy, ich möchte einfach noch mal mit dir reden, wir haben immer so schön politisch unkorrekt miteinander gesprochen, ich muß mich mit jemandem aussprechen. Dann erzähle ich ihm, daß das World Trade Center in die Luft gejagt wurde, daß entsetzlich viel Leid über die Menschen gekommen ist, und ich spreche von meinem Mitgefühl, vor allem für die Angehörigen der Opfer. Und dann erzähl ich ihm von dem Trauer-Management, das in Deutschland betrieben wurde, und daß mich das doch etwas wundert, weil mir meine Mitbürger gar nicht so mitfühlend vorkamen, in den letzten Jahren. Woran liegt dieses plötzliche Mitgefühl?

Weil ihnen sechstausend tote Amerikaner näher sind als zweihunderttausend tote Iraker, für die kein einziges Mal öffentlich getrauert wurde? Wenn wir damals eine Mahnwache gehalten haben, sind wir verlacht worden. Von der Presse, von den Passanten. »Hängt ruhig eure Leinentücher aus dem Fenster, ihr alten 68er, wer will denn den pazifistischen Quatsch noch hören ...« Man muß sich auch heute noch verlachen lassen, wenn man für den Frieden ist. Um es gleich vorweg zu sagen, ich halte es für eine Katastrophe, was zur Zeit passiert. Wer jetzt nicht einsieht, daß man mit dem Bombardieren von Afghanistan aufhören muß, der handelt unverantwortlich. Er ist verantwortlich für den Tod und das Elend vieler Menschen und ich kann immer nur sagen, hört auf die Worte von Arundhati Roy, wenn sie sagt: Bitte stoppt den Krieg, Ihr wißt nicht was Ihr für einen Brand aufwallenden Zorns entfacht, wenn weiter bombardiert wird. Einige Sätze dieses Aufrufs der indischen Schriftstellerin hab ich auch in meinen Willy integriert. Die Algebra der Vergeltung stimmt einfach nicht. Man kann nicht fünftausend tote Amerikaner gegen fünftausend tote Afghanen rechnen. Man muß addieren. Fünftausend tote Amerikaner plus fünftausend oder zehntausend oder hunderttausend tote Afghanen. Und das sind einfach viel zu viele Tote. Und wenn Deutschland jetzt nicht die Chance ergreift zu sagen, wir wollen einzig und allein humanitäre Hilfe leisten ...

Das soll ja auch alles passieren.

Aha. Das ist so wie Bomben und Lebensmittelpakete ...

Die Politiker haben sicherlich einen schwierigen Stand zur Zeit, es ja alles von der UNO abgesegnet, es gibt den Bündnisfall, von der NATO ausgerufen. Ein Mensch wie Gerhard Schröder oder Ihr Freund Rudolf Scharping, die ja nun in der ersten Reihe stehen mit ihren Entscheidungen, möchten Sie mit denen tauschen?

Nein, ein deutscher Politiker ist einzig seinem Gewissen verantwortlich, das steht im Grundgesetz. Es gibt die Möglichkeit zu sagen, ich verzichte auf meine Ämter, mein Gewissen kann es nicht mehr verantworten, einer blinden Bündnistreue Folge zu leisten.

Spricht hier der Idealist, der alte Achtundsechziger?

Muß denn Idealismus immer mit Achtundsechzig zu tun haben? Ich denke, Idealismus gibt es schon seit Tausenden von Jahren. Es ist immer schon eine Chance der Künstler gewesen, Idealisten zu sein.

DER PAZIFISMUS HAT VIELE FEHLER. ABER ES STERBEN WENIGER MENSCHEN DABEI

Tagebuch August 2002 bis November 2001

Die moralische Enttäuschung, verursacht durch die Fehler der anderen, welche ganz und gar vergleichbare Fehler bei uns anschwärzt, gestattet uns, die Haltung zugleich des Richters und des Opfers einzunehmen, und ruft in uns einen Zustand der moralischen Euphorie hervor. Diese Euphorie entfernt und rasch und sicher vom Weg jeder persönlichen moralischen Vervollkommnung und macht aus uns fürchterliche und erbarmungslose, ja sogar blutrünstige Richter.

Ivo Andric

6. August 2002

Verhinderte Chaostage: München jubelt, die Punks sind vertrieben. Keine Randale. Tausende von Polizisten haben die Stadt saubergehalten. Der neue Sicherheitswahn greift um sich. Einzig ein kleiner, fast schüchterner Kommentar in der AZ wagt zu fragen, ob denn dieses martialische Polizeiaufgebot verhältnismäßig gewesen sei. Und ob es richtig sei, Leuten auf Grund ihres Aussehens Einreiseverbot zu erteilen, ihnen den Besuch im Tierpark zu verweigern, sie wegzusperren. »Normal sein, das ist das Ideal der Mittelmäßigen«, schrieb C. G. Jung.

Daß die Punks immer schon aufrecht in ihrer Haltung gegen Nazis waren, spielt sicher auch eine Rolle bei der Härte des Vorgehens. Vor allem aber haben sie einen Makel gegenüber den Nazis. Die marschieren ordentlich, die haben keinen bunten Haarschopf, die wollen kein Chaos. Deshalb wird die Polizeimaschinerie auch selten gegen Nazis eingesetzt, sondern immer nur gegen ihre Gegner.

Der schlimmste anzunehmende Gau ist ja bei den Chaostagen keine rassistische Volksverhetzung, sondern eine zertrümmerte Schaufensterscheibe. Da geht´s ans Eingemachte in unserem System. Da könnte für ein paar Tage das Geldverdienen nicht mehr so reibungslos funktionieren, da könnte der brave Bürger ja gehindert werden, sein Geld für weitere Nutzlosigkeiten auszugeben.

Berlin und München wollen übrigens Graffiti-«Schmierern« an den Kragen, beide Städte fordern schärfere Gesetze zu deren Bestrafung. Sofort bellt der Volksmund, um seine Meinung gefragt, in ermunterter Ungebundenheit: Jawoll! Die sollen mal ein halbes Jahr Fassaden schrubben! Sollen lieber arbeiten! Seltsam: Wenn etwas dem Ordnungsbedürfnis von Bürgern entgegenkommt, regt sich in nicht wenigen (jungen) Menschen Mißtrauen. Und wenn gar die Politik das Sauberkeitsbedürfnis dieser Bürger auf ihre Fahnen schreibt, steigert sich das Mißtrauen ins aggressiv Abweisende. Zum Beispiel Punks. Oder Graffiti. Letzteres ist zu beträchtlichen Teilen verweigerte Anpassung: die Verunreinigung als letztes bürgerliches Bildungs- und Kunsterlebnis. Abwehrreflex gegen einen gesellschaftlichen Gemeinsinn, der unter Sauberkeit Normierung versteht, bei Ordnung an Selektion denken läßt und hinter Fassadenglanz eine Leere versteckt, die sich als leitende Kultur definieren darf. Inmitten heutiger Maßlosigkeit des farblosen Bunten und der sich neutralisierenden Signale des Öffentlichen gewinnt eine Hauswand an Identität, indem man sie besprüht. Im bösen Enthusiasmus, etwas zu verschönern, indem man es beschmutzt, äußert sich eine größere Lebendigkeit als in jener Hauptaktion der Gesellschaft, überall auf porentiefe Sauberkeit und auf unbedingtes Persilweiß zu zielen – und dabei alles Grau auszusortieren, jedes Unkraut auszureißen. Heiner Müller über die Postkartenhäuser am Chiemsee: »Jedes Haus ist so zu Ende geputzt, daß Umweltverschmutzung zur letzten Hoffnung wird.« Und er erinnert an bundesdeutsche Einkaufspassagen, in denen man massenhaft auf Lebensersatz stößt – eine Welt, in der man »den Instinkt für die Gewalt von Zeichen verloren hat«. Da genau bekäme Graffiti – wie jede Kunst – die Aufgabe, störfreies Leben mit Unschönheit auszulöschen, »denn das Leben in Düsseldorf ist nicht lebenswert, fünftausend rosa Slips in den Einkaufspassagen bejahen nicht das Leben, das schreit vielmehr nach Tod und Vernichtung«, und der Dichter freut sich über jeden sterbenden Baum, »weil er beweist, daß es noch Leben gibt«. Erst der quicke Wurm im Apfel belegt, daß dieses Obst noch gesund war, Befall sich also lohnte. Beamte, die Denunziationsprämien für jene ins Kalkül ziehen, die Sprüher verpfeifen, kann man getrost als geistige Sponsoren einer Bewegung bezeichnen, die sich durch verstärkt empfundene Illegalität im Ehrgeiz nur bestätigt sieht.

Es geht im übrigen nicht darum, sich gegen Erhalt und Schutz von Wert schlechthin zu stellen. Das wäre töricht. Sachbeschädigung bleibt Sachbeschädigung. Worum es geht, ist der andere Blick auf eine Sache, die nur deshalb so klar scheint, weil eine Mehrheit ihre eindeutige Meinung darüber hat. Es geht darum, einem Schmerz nachzugehen, der der Gesellschaft frech und unverschämt von unten, von draußen zugefügt wird. Und der vor allem jene Biederlinge treffen soll, die da meinen, Weltveränderung beginne bei ordentlicher Mülltrennung und dem Fahren von Einkaufswagen nach den Regeln der Straßenverkehrsordnung. Die ständig Farbe bekennen, aber nicht ertragen können, wenn jemand bei Rot über die leere Kreuzung geht.

Die Außenseiter dieser Gesellschaft sind das einzige Menetekel einer allwaltenden Verschandelung, das wir unterm Deckmantel des öffentlichen Gemeinsinns überhaupt noch wahrnehmen, eben weil es das einzige Zeichen ist, das offenbar noch weh tut – im Rahmen einer schlimmen Verwahrlosung, der wir längst erlagen. Denn: Sind jene unübersehbare Werbeflächen, die Häuser, Alleen, Straßen verletzen und ganze Landschaften verderben, nicht weit schandbarer? Sind jene Zäune und Überwachungskameras, mit denen sich bürgerlicher Besitz mehr und mehr umgibt, nicht weit kulturzerstörender? Sind die uniformierten Beton- und Glasgebilde, die in Citylage jedes Stückchen Grün unter sich ersticken, nicht weit häßlicher? Ist das als geschmackvoll Geltende nicht längst der Feind des wahrhaft Schönen? Alles, was uns lenken soll im Kreisverkehr der Ware mit der Ware, muß kurz und griffig ins Bewußtsein fließen. Nichts kommt mehr aus verläßlichem Vertrauen ins Ernsthafte, alles nur noch aus dem Stakkato der Werbung, die uns Voyeure zu Tisch lädt.

Aber hört man angesichts dessen ähnliches Ungemach, ähnlichen Protestwillen wie beim erbittert bösen Plädoyer gegen Punks oder gegen Sprüher? Nein, wir haben glänzende Fortschritte beim Manipulieren unserer Erregbarkeit gemacht. »Wir wollen als Gesellschaft nicht, daß unsere Städte so verschmutzt werden«, lese ich von einem Sprecher des Berliner Haus- und Grundeigentümerverbandes, und die moralischen Bürger nicken – indes ihre Hunde die Straßen einscheißen.

Auch Sprüher schmieren uns – wie die Punks auf andere Art – unter die Nase, was in der gemeinsamen Ordnung zum Schweigen verurteilt bleibt. Und im übrigen lese ich gerade eine Meldung, die mit dem Ganzen natürlich überhaupt nichts zu tun hat: Eine Umfrage unter dem Personal von süddeutschen und österreichischen Hotels hat den Verdacht ergeben, zum Schuheputzen benutzten die meisten Gäste – die Gardine im Zimmer. Wirklich: sehr sauber. Und sehr unsichtbar hinter den Geranien ...

Des verwirrenden Widerspruchs eingedenk – nämlich wohlig und warm eingebettet zu sein in den Wohlstand einer Gesellschaftsordnung, die ich ablehne –, versuche ich dennoch, wachzubleiben. Was tun? Man könnte, man sollte vielleicht sogar ganz aussteigen, sein Hab und Gut verschenken und besitzlos werden, aber das bedarf einer hohen Stufe des Bewußtseins und eines hohen Grades von Angstfreiheit, wie ich ihn noch nicht erreicht habe. Allem Handeln sollte jedenfalls ein ehrliches, erlebtes Erkennen vorausgehen, sonst glaubt man irgendwann seiner eigenen Pose, handelt blindwütig und zerstört sehr viel mehr, als man dann erreichen kann, wenn sich das Tun Schritt für Schritt aus einem langsamen Erkennen ergibt.

C. G. Jung schrieb im Alter von 82 Jahren in sein Tagebuch: »Im Grund genommen sind mir nur die Ereignisse meines Lebens erzählenswert, bei denen die unvergängliche Welt in die vergängliche einbrach. Neben den inneren Ereignissen verblassen die anderen Erinnerungen, Reisen, Menschen und Umgebung. Aber die Begegnungen mit der anderen Wirklichkeit, der Zusammenprall mit dem Unbewußten haben sich meinem Gedächtnis unverlierbar eingegraben. Da war immer Fülle und Reichtum, und alles andere trat dahinter zurück.«

4. Juni 2002

Gerade habe ich die letzten Takte komponiert für Christian Bergs neues Kindermusical »Das Dschungelbuch«. Wir versuchen, Kieplings Buch mit eigenen Augen wiederzuentdekken und hoffen, daß die Disney-Adaption und die (zugegebenermaßen wirklich guten) Songs nicht all zu sehr in den Köpfen der Kinder verankert sind. Denn wir wagen es, das Stück mit neuen Texten und neuen Liedern zu beleben. Das »Dschungelbuch« wird am 27. Juli in Cuxhaven uraufgeführt und ab Herbst mit Christian und seinem Ensemble auf Tournee gehen.

Vor mir zittern die Blätter der toskanischen Olivenbäume, und die Sonne bricht sich in den hierzulande so unterschiedlichen Grünnuancen. Alle paar Minuten ist ein anderer kleiner Abschnitt der Hügelkette wie von einem Scheinwerfer beleuchtet, so daß die Landschaft immer in Bewegung bleibt. Unzählige Vögel locken mit den schönsten Liebesliedern, und manchmal schaut sogar eine Stachelschweinfamilie nach dem Rechten. Man muß nicht viel tun, um sich zu spüren. Manchmal genügt es, still zu sitzen, und man kann in das Herz der Welt tauchen. Und alles will leben! Jede Mücke, jeder Grashalm, die Bienen und Ratten und Vipern und Bäume, ja auch die Felsen, die Hügel, die Gestirne – alle wollen leben!

Es geht in diesem Kosmos nicht nur um uns Menschen und unseren materiellen Besitz, um unsere kleinlichen Streitigkeiten, um Ehre, Status und Rechthaberei – es geht um so viel mehr. Wann werden wir beginnen, nicht alles Lebendige unserem Wohlergehen unterzuordnen? Aber die Militarisierung schreitet unaufhaltsam vorwärts. Wenn der »Spiegel« in einer Titelgeschichte wieder mal die Wissenschaftler hervorhebt, die festgestellt haben wollen, in welcher Gehirnregion unserer ach so großartigen menschlichen Gehirne der Geist und das Göttliche erschaffen wurde, möchte ich mit Ken Wilber antworten: »Wie kann man nur diesen herrlichen Kosmos an die Wand des Reduktionismus klatschen?«

17. März 2002

Gerade in der Toscana angekommen, lese ich liebevolle Gästebucheintragungen auf meiner Web-Site. Es bedeutet mir viel, von fremder Freude an meinen Liedern zu erfahren und zu wissen, daß sie Menschen Anstoß sein konnten, den eigenen Weg zu gehen.

»Die Weltgeschichte zehrt von einigen wenigen Selbstbegegnungen«, schreibt Gottfried Benn. Und genau da, wo sich der Dichter im Gedicht selbst begegnet, initiiert er dies bei seinem Publikum. Lieder sollten sich keine Gefolgsleute schaffen, sondern Menschen bei der Entdeckung ihrer Seele begleiten. Und manchmal sollten sie ganz einfach Mut machen. Wenn der Druck von außen unerträglich wird, wenn wir sehen, wie das Gefüge, in dem wir leben, sich mehr und mehr verhärtet

– dann kriechen wir unter, kriechen in ein Gedicht oder ein Lied oder ein Gebilde aus Farben, Tönen, Strichen. Unser Bewußtsein braucht, inmitten der übermäßigen Auflagerung von Feindlichkeiten ringsum, das Erfinden von Visionen. Um sich ein Gegengewicht zum drohend Gesetzmäßigen einer pressenden Realität zu schaffen.

26. Februar 2002

Am vergangenen Sonntag wurde im Münchner Stadtmuseum ein Film von Harald Rumpf über den obdachlosen Münchner Maler Gerhard Rossmann gezeigt.

Das Sozialreferat München hat mich gebeten, die Premiere des Films und das Münchner Patenprojekt für Obdachlose zu unterstützen: »In München, mit seinen teuren Mieten, verlieren immer mehr Menschen ihre Wohnung. Darunter viele Alleinerziehende mit ihren Kindern! Derzeit leben etwa 3000 Menschen in Notunterkünften. Das Sozialreferat ist gefordert: Hunderte von neuen Plätzen in Notunterkünften müssen eingerichtet werden. Doch das Problem in den Stadtvierteln ist – keiner will diese Menschen haben. Mit Demonstrationen und Verleumdungen, dort würden sowieso nur Alkoholiker und Kinderschänder wohnen, werden alle Hebel in Bewegung gesetzt, um diese Unterkünfte zu verhindern.«

Wie verhärtet sind wir geworden, daß wir uns von allem abschotten wollen, was nicht in unser Bild einer heilen, glitzernden Scheinwelt paßt?

Hier ist meine Einführungsansprache zu Harald Rumpfs Film »Gerhard Rossmann – der Durchblick ins Leere«:

Als ich vor einigen Wochen gefragt wurde, ob ich Pate sein

möchte für einen Film über den obdachlosen Münchner Maler Gerhard Rossmann, brauchte ich nicht lange zu überlegen. Denn dieses Thema greift mich ganz persönlich an – mich hat nämlich nur ein fast schon unverschämtes Glück und die liebevolle Zuneigung einiger Mitmenschen vor einem ähnlichen Schicksal bewahrt.

Wulf Weinmann charakterisiert Gerhard Rossmann mit den kurzen Worten: »Alles muß gelebt sein« – und das erinnert mich doch sehr an ein gewisses Lied von mir: »Genug ist nicht genug«.

Wir sind dabei, geisteskrank zu werden und das Bild der Welt auf den Kopf zu stellen. Anstatt uns gemeinsam in Richtung globale Gerechtigkeit zu bewegen, das Überleben der Menschheit, aller Lebewesen und unseres wunderschönen Planeten zu sichern, gilt unsere einzige Aufgabe allein dem Wohlergehen unseres Geldsystems. Aber Wachstum hat seine Grenzen; kein Baum, kein Mensch kann ewig wachsen. Nur die Wirtschaft ist angeblich mit grenzenlosem Wachstum gesegnet. Ein paar Jahre kann sie vielleicht noch weiter wachsen, auf Kosten neu zu erschließender Märkte im Osten und in der dritten Welt. Und dann? Wenn wir nicht lernen abzugeben, zu teilen, was dann?

Schon immer wurde, vor allem im Mittelalter, gepredigt, irgendeine Macht würde schon dafür sorgen, daß sich alles zum Guten wende und selbst reguliere. Heute glaubt man das kaum mehr vom lieben Gott, dafür wird um so fanatischer das neoliberale Wirtschaftssystem angebetet. Aber der Absturz der Ökonomie scheint sich zur ersten Weltwirtschaftskrise des globalisierten Kapitalismus auszuwachsen. »Erstmals seit 25 Jahren beobachten wir eine gleichzeitige rasante Talfahrt aller großen Volkswirtschaften rund um den Globus« erklärte neulich Robert Hormats, kein »gewaltbereiter« Globalisierungsgegner, sondern der Vizepräsident der Investmentbank Goldman Sachs.

Und wie immer, wenn das Geld knapp wird, versucht man sich Gewinne durch die unappetitlichste Methode zu verschaffen: durch Aufrüstung. Erst mästen wir irgendwelche Schurken mit unseren Waffen, und wenn sie zu fett geworden sind, schlachten wir sie und verdienen erneut daran. Als vor ein paar Tagen am Berliner Flughafen ein Obdachloser seine Zeitung verkaufen wollte, fand sich kein Einziger, der auch nur einen freundlichen Blick, geschweige denn einen lächerlichen Euro für den Mann übrig hatte. Der überaus höfliche junge Mann mußte sich auch noch als aggressiver Bettler beschimpfen lassen, und niemand schien zu spüren, daß es fast immer die eigene Aggressivität ist, die man auf den projiziert, der einen durch Armut beschämt. Armut gilt offiziell als obszön, wir wollen nichts mit dem zu tun haben, was wir tief in uns bereits alle spüren: Wohlstand ist auf tönernen Füßen gebaut. Vor allem, weil wir das falsche Wohl im Auge haben.

Es gibt ein schönes, stilles Gedicht des Zen-Meisters Ryokan:

»Meine Hütte liegt mitten in einem dichten Wald
Jedes Jahr wächst der Efeu höher
Keine Neuigkeiten von den Angelegenheiten der Menschen
Nur gelegentlich das Lied eines Holzfällers.
Die Sonne scheint, und ich flicke meine Robe
Wenn der Mond hervorkommt, lese ich buddhistische Gedichte.
Ich habe nichts zu berichten, meine Freunde.
Wenn ihr den Sinn herausfinden wollt
Dann hört auf, hinter so vielen Dingen herzujagen.«

Bei allem Bemühen, Verständnis für die Münchner Bürger aufzubringen, die sich lautstark darüber erregen, daß Obdachlose in ihrer nächsten Umgebung untergebracht werden sollen: Dies scheint mir ein deutliches Symptom jener wachsenden Geisteskrankheit unserer Gesellschaft zu sein, von der ich vorher gesprochen habe. Wir alle haben, und ich glaube mit vollem Recht, unbewußt immer ein schlechtes Gewissen wegen des Überflusses, in dem wir leben. Nicht zuletzt deshalb versuchen wir sogar diesen Überfluß noch zu vermehren, in der abstrusen Hoffnung, uns damit noch besser betäuben zu können. Schmerz und Leid bewußt zu empfinden und zu durchleben, gehört nicht zu unserer Kultur. Jedoch erst wenn wir beginnen, Leid auch anzunehmen, werden wir dem Sinn des Daseins näher kommen. Mitfühlen ist ja keine besondere, seltene Gabe, die nur einigen wenigen vorbehalten ist. Mitgefühl ist, daran glaube ich fest, ursächlich jedem Menschen zu eigen, und es geht darum, es wieder hervorzuholen hinter den Schleiern unserer Ängste, mit denen wir es zugedeckt haben.

Albert Schweitzer hat einmal sein Initiationserlebnis geschildert: wie er in einem Boot, einen Fluß entlangfahrend, erlebt, wie eine große Herde von Flußpferden an ihm vorbeigleitet. Diese große Menge fühlender Körper an seiner Seite wird ihm zum Durchbruch der Erkenntnis, daß alles Leben zusammengehört. Er teilt in diesem Moment das Glück der Tiere und weiß, sie wollen leben und würden niemals leben wollen, wenn sie nicht rein instinktiv so etwas wie Freude empfinden würden. Und so entwickelte er seine Ethik der tätigen Hingabe im engsten Bereich: Lebewesen zu schützen, ihr Leiden zu verringern – das ist der Raum, wo ein Mensch begreifen kann, wozu er lebt. Und Schweitzer schreibt: »Ich stehe dem Leben an meiner Seite deswegen zur Seite, weil ich die unmittelbare Nähe zu meinem Leben begriffen habe ...«

Dieses Gespür für die unmittelbare Nähe auch uns unbequemer Menschen kommt uns mehr und mehr abhanden. Wer in der Fußgängerzone sein Geld nicht in die Kaufpaläste trüge, sondern es frohgemut unter die Menschen verteilte, würde mit großer Wahrscheinlichkeit verhaftet. Und spätestens dann ins entsprechende Spital eingeliefert, wenn seine Erben dahinter kämen.

Wer wird uns in den Arm nehmen, wenn's ans Sterben geht, und wem reichen wir die Hand? Auf welcher Seite stehen wir, was verteidigen wir – die Menschlichkeit oder den Wohlstand?

All jenen, die glauben, ihre Kinder schützen zu müssen vor dem Anblick von Armut und Elend, Alter und Tod, sei zum Schluß noch die Geschichte Buddhas ans Herz gelegt: Sein Vater wollte ihn hart machen für das Geschäft des Krieges und des Regierens und befahl allen Wächtern, den Knaben im Palast vor der Welt zu verschließen. Aber erst als der Buddha einmal die Welt draußen kennen lernte, das Elend und die Not seiner Untertanen zu sehen bekam, erkannte er erschüttert das Leben, und erst dann konnte er sich auf den Weg machen, der ihn zur Erleuchtung führte.

Nun, wir werden nach diesem Film vermutlich nicht gleich erleuchtet sein, aber er könnte helfen, unserem Leben die Möglichkeit einer anderen Richtung aufzuzeigen.

Sauberkeit in den Innenstädten ist ein entscheidendes Produkt deutscher Fleißarbeit. Erst die gesäuberte Stadt wird, indem sie Kunden anzieht, eine soziale Stadt. Kühner wäre eine andere Logik: eine Stadt erst dann sauber zu nennen, wenn sie eine soziale Stadt ist. Das hieße für den schwierigen Anfang: Obdachlose Menschen wenigstens (wenigstens!) erst einmal bewußt und selbstverständlich aushalten, diese Menschen aushalten, wie wenn man am Kneipentisch jemanden freudig aushält. Einladend bleiben, wo es schwerfällt. Den

Groschen oder mehr geben, die kraß geteilten Welten als Ganzes begreifen, den einzelnen Obdachlosen zu uns zählen, uns zu ihm. Er ist lebendige Innenstadt.

5. Februar 2002

Ich habe heute einen Offenen Brief an den Münchner Oberbürgermeister Christian Ude geschrieben.

Lieber Christian,

ich werde nie vergessen, wie Du mir, in einer für mich sehr schweren Zeit, die Hand gereicht hast und mir nicht, wie viele andere, aus dem Weg gingst. Ich habe Dich und Deine umsichtige Art, München zu regieren, immer geschätzt. Deine Rede vor dem jüdischen Mahnmal ging mir unter die Haut; ich hatte immer das Gefühl, meine geliebte Heimatstadt bei Dir in guten Händen zu wissen. Auch habe ich gerne und ein bißchen stolz von »meinem« Bürgermeister gesprochen, einem OB, mit dem man sich schon etwas schmücken kann. Wortgewandt, tolerant und vor allem mit einem hinterfotzigen, intelligenten Humor. Deine kabarettistischen Einlagen sind von höchster Qualität, professionell und geistreich – kurzum: Was für ein Oberbürgermeister!

Und nun stürzt Du mich in eine tiefe Gewissensnot.

Grade als ich dabei war, mich für Deine Wahl stark zu machen, versetzt Du München einen Stoß, von dem sich die Stadt nur schwer erholen wird. Wie konntest Du zulassen, daß eine Demonstration von KriegsgegnerInnen und GlobalisierungsgegnerInnen verboten wird, wo Du doch selbst erlebt hast, daß nur einige Monate zuvor die NPD polizeigeschützt demonstrieren durfte. (Ich weiß, daß Dir das Bauchschmerzen bereitet hat, denn Du hast mit Faschisten nun wirklich nichts am Hut.) Wie konntest Du Dich an einer präjudizierenden Kriminalisierung der Demonstranten beteiligen, die, das muß ein Jurist wissen, auf rechtlich äußerst bedenklichen Beinen steht?

Im Internet habe man vermehrt zur Gewalt aufgerufen, so lautete das Argument des Münchner Verwaltungsreferats – aber es weiß doch jeder, der das Netz kennt, wer sich dort alles tummelt, was für Schrott dort auch abgesondert wird. Schau Dir doch bitte mal die Eintragungen auf den Websites der Fußballvereine an. Nach dieser Methode dürfte man kein Fußballspiel mehr zulassen. Auch das Oktoberfest ist voll von potentiellen Gewalttätern. Wollen wir es deshalb verbieten? Und, ehrlich gesagt, der agent provocateur hat es nirgendwo leichter als im Netz!

Du glaubst nicht an den Gewalt provozierenden Staatsdiener? Dann hör Dir mal die Berichte von DemonstrantInnen an, die viele, als Autonome verkleidete Zivilbeamte, gut im Auge hatten. Mir ist es unbegreiflich, weshalb Du in Deiner Stadt nicht einem Gegengipfel zur Münchner Sicherheitskonferenz zugestimmt hast, bei dem Kriegsgegner die Möglichkeit bekommen hätten, ihre überlebenswichtigen Argumente den Bürgern unserer Stadt näher zu bringen. Das sollte der Sinn einer Demonstration sein: den Konsens zu fördern, nicht: die Fronten zu erhärten.

Aber Du hast das martialische Polizeiaufgebot ja nicht gesehen, Du warst bei der Waffenlobby und den Kriegstreibern im Bayrischen Hof. Das ist Deine Pflicht als Bürgermeister, aber ebenso ist es Deine Pflicht, die Meinungsvielfalt zu beschützen. Wir sind zwar im Krieg, aber müssen wir auch Krieg führen gegen die Menschen im eigenen Land, die nicht einfach die Augen zumachen wollen, wenn Herr Stoiber mehr deutsche Soldaten für die Welt fordert und die USA der ganzen Welt den Krieg erklären möchten?

Ich habe volles Verständnis dafür, daß Du München vor Gewalttätern schützen willst – aber dann hättest Du nicht nur die Autobahnen, sondern vor allem den Flughafen sperren und viele Konferenzteilnehmer wieder nach Hause schicken sollen. Wer bitte ist ein Gewalttäter, wenn nicht die Militärstrategen und Minister eines kriegführenden Landes? Denen werden Luxusunterkünfte bezahlt, und kritischen Jugendlichen, die wir so dringend brauchen, keine Billigunterkunft zur Verfügung gestellt. Warum hast Du Dir diese so erfrischend unangepaßten Jugendlichen nicht zu Freunden gemacht? Warum das »Eine Welt Haus« für Veranstaltungen gesperrt, anstatt dieses Forum zur Information zu fördern? »Die Tabuisierung bestimmter Fragen und Themen hat juristische, sozialpsychologische und politische Konsequenzen. Juristisch führt die Erkenntnis, daß wichtige Fragen durch Verschweigen ausgeblendet werden, zu einer Relativierung des Wertes der Kommunikationsgrundrechte.« (Hans Herbert von Arnim: »Das System, die Machenschaften der Macht«).

Unabhängig davon, welche Meinung Du persönlich zum Thema Krieg gegen den Terror hast, hättest Du ein Gegengewicht zu den kriegstreiberischen Unterredungen im Bayrischen Hof zulassen müssen. Wir alle – auch Du – hätten nur dazulernen können. Erich Kästner schrieb einmal: »Wer warnen will, den straft man mit Verachtung./ Ein ganzes Volk versinkt in geistiger Umnachtung.«

Wie sehr ich auch weiterhin Deine persönlichen Qualitäten nicht in Frage stellen werde, so kann ich doch diese Politik nicht mehr gut heißen. Du wirst sicher Verständnis dafür haben, daß ich Dich bei diesem Wahlkampf nicht, wie zugesagt, musikalisch unterstützen kann. Ich bitte Dich, sollte die nächste Tagung wieder in München stattfinden, den Gegnern des Militarismus die Möglichkeit zu bieten, ein Friedensfest zu feiern, zu demonstrieren und zu informieren.

Wie schreibt Eugen Drewermann? »Wir brauchen die Phantasie der Güte, nicht den Heroismus der Gewalt. Helden der Geduld, nicht Helden neuer Schlachten. Wir wollen keinen Krieg. Nie mehr!«

In diesem Sinne

Dein Konstantin Wecker

P.S. Variationen über ein Gedicht von Erich Fried

So friedliebend bin ich nun wieder nicht
Daß ich meinen Frieden mache mit den Kriegen
Und mit denen
Die Kriege führen
Und mit denen die Kriege führen um Frieden zu machen
Aber Steine werfe ich keine
Denn mich dauern die Steine
Die man würfe gegen jene
Die Kriege machen
Und denen Kriege so selbstverständlich geworden sind
Daß ihnen Frieden nur mit Krieg
Erreichbar scheint
Frieden ist nicht einfach ein Zustand zwischen zwei Kriegen
Sondern die Überwindung des Kriegs
Und des Kriegerischen in uns
Und so friedliebend bin ich nun wieder doch
Mich überwinden zu wollen
Um meinen Frieden zu machen mit dem Krieger
In mir

23. Dezember 2001

Das Denken in mythischen Kategorien, wo es politisch als Kampf zwischen Gut und Böse festgelegt und propagiert wird – dem wird seltsamerweise fast nie widersprochen. Als unter Reagan der gleiche Versuch gegen den Kommunismus gestartet wurde, gab es noch weltweit Proteste. Heute sind wir indoktriniert genug, die wenigen, die derzeit gegen Bush protestieren, als unbelehrbare Pazifisten zu beschimpfen, als ewig Gestrige zu verspotten oder sie mit Äußerungssperre zu belegen.

Nun haben wir also wieder einen Krieg in Afghanistan, in dem jeder Staatsterror »Kampf gegen den Terrorismus« genannt wird. »In diesem Durcheinander wird immer wieder Gewalt geboren werden«, schreibt Eugen Drewermann, »Krieg ist Krankheit, keine Lösung ... Es hilft nichts, daß wir gewöhnt sind, die staatlich organisierte Gewalt von vornherein für legal zu halten und damit auch schon mit dem Schatten des Legitimen zu versehen, während wir die noch nicht staatlich gebundene Gewalt prinzipiell als das Zügellose und Anarchische begreifen.«

9. Dezember 2001

Die Gespräche nach den Konzerten der jüngsten Tournee haben mir gezeigt, daß es sehr viele Menschen gibt, die sich freuen über gegenwartslebendige Musik und die, was die Medien betrifft, sehr wohl zwischen Propaganda und Information zu unterscheiden wissen. Und zwischen Wissen und Bewußtsein. Menschen, die sich sehr viel ernsthafter mit den Hintergründen unserer gierigen und kriegerischen Welt auseinandersetzen, als die meisten unserer Politiker. Menschen, die bereit sind, auch dem Kriegerischen in der eigenen Psyche ins Gesicht zu sehen.

Aber wir werden repräsentiert von Politikern, die sich für alles Mögliche Zeit nehmen, außer für sich selbst. Wir sind umgeben von Managern, deren einziges Streben Gewinnmaximierung ist (jede persönliche Entwicklung bedeutet dann meistens nur Mittel zu diesem einen materialistischen Zweck, nennt sich aber trotzdem Kultur).

Was soll ich davon halten, wenn unser Kanzler Schröder offen bekennt: »Eins ist klar, ich betreibe relativ wenig Selbsterforschung, aus vielerlei Gründen«, und wenn er auf die nachbohrende Frage: »Weil Sie gar nicht wollen, daß Sie sich näher kennen lernen?« antwortet: »Ich mich selber? – Vielleicht auch das. Ich muß mir die Fähigkeit behalten, zu verdrängen, als Selbstschutz«.

Unsere Führungskräfte kleistern uns zu mit ihrer flachen, dem Wähler nachjagenden Vorstellung der Welt, fachlich mehr oder weniger abgesichert, genährt vom jeweiligen Kleinkulturkreis, dem sie entstammen; aber sie sind nicht bereit, eine Schale ums eigene Ich aufzubrechen. »Willst du das Ganze erfahren, mußt du in dich gehen«, schreibt Krishnamurti. Nur über die Selbsterkenntnis läßt sich die Wirklichkeit in ihrer Gesamtheit erfahren, und genau an dieser Selbsterkenntnis mangelt es unseren politischen Führern.

Herr Struck von der SPD sagt, eine Koalition mit Gysi von der PDS sei schon deshalb bedenklich, weil der einer Partei angehöre, die sich gegen diesen Afghanistan-Krieg ausspricht. So eine Entgleisung nennt sich deutsche Politik. Man muß sich also neuerdings beschimpfen lassen, wenn man Konflikte anders lösen möchte als mit Streubomben. Als sei jeder Achtundsechziger, der nicht die gleiche Wende vollzogen hat wie Joschka Fischer, ein Auslaufmodell, unfähig zum Weiterdenken und den Anforderungen moderner Politik nicht gewachsen. Als entsprängen alle Argumente gegen diesen Krieg um Kabul einer alten, verknöcherten Linientreue. Als seien einzig die Opportunisten, wie immer, die Einzigen, die sich weiter entwickelt hätten.

»Zwischen Streubomben und Lichterketten gibt es noch viel Raum für Politik«, schrieb Navid Kermani neulich in der »Süddeutschen Zeitung«. Genau diese Politik vermisse ich schmerzlich. Susan Sontag sagte anläßlich einer Preisverleihung: »Ich bin Schriftstellerin. Es geht nicht darum, meine Meinung zu verkünden, sondern die Wahrheit zu sagen«. Worin besteht die Wahrheit?

Eine der bemerkenswerten Grundaussagen der postmodernen Revolution in Philosophie, Soziologie und Psychologie lautet, daß es unterschiedliche Weltsichten gibt. Wir haben es also nicht mit einer monolithischen Welt zu tun, sondern vielmehr mit multiplen Welten und ihren verschiedenen Interpretationsmöglichkeiten. (Das bedeutet nicht, daß jede Weltsicht gleichwertig zu akzeptieren ist; sonst müßte man die Nazis kritiklos gelten lassen.) Das Tröstliche daran ist, daß es innerhalb der Interpretationen genügend gemeinsame Merkmale gibt, so daß unsere Welt nicht auseinander zu fallen braucht. Eines dieser gemeinsamen Merkmale sollte die Erkenntnis sein, daß Krieg nicht mit Krieg zu besiegen ist. Es geht jetzt nicht nur um Schadensbegrenzung, sondern vor allem darum, dem atavistischen Weltbild mit dem Ideal einer wirklich friedlichen Welt entgegen zu treten. Zu diesem geistigen Wandel sind wir alle, auch in unserem privaten Leben, aufgefordert. Und deshalb darf auch die Idee des Pazifismus nicht sterben.

Wenn wir nur endlich lernen würden, daß unsere Unfähigkeit, einander zu verstehen, einzig daraus erwächst, daß wir nicht von unseren festgefügten Erziehungsbildern loslassen wollen. Wir fürchten den Bruch, der unsere Biographie ins Offene wirft. Aber sich selbst immer neu erfinden – das heißt doch auch, allen anderen Menschen die Chance geben, neu entdeckt zu werden von uns. Dem Weisen wird nicht alles weiser, aber er versteht die gräßlichen Zusammenhänge besser, die zu Ignoranz und Engstirnigkeit führen.

Es gibt eine Fälle, die muß man nicht zuallererst begreifen wollen, man muß sich von ihr tragen lassen, man muß sich nicht immer nur zurechtfinden, sondern auch darin aufgehen wollen. Es gibt nicht nur Fortschritt, es gibt auch ein Warten im Dasein, das nicht jedes Ding nach seiner Käuflichkeit und Begreifbarkeit und schnellen Erreichbarkeit fragt.

17. November 2001

»Zwar wird uns versichert, der vor uns liegende, lang dauernde Krieg gegen Afghanistan und andere Zentren werde stets der politischen Hauptprämisse – Kampf dem internationalen Terrorismus – folgen und in politische, humanitäre und wirtschaftliche Maßnahmen eingebettet sein. Aber was heißt das? Wie weit genau und gegen welche Staaten wird das Anti-Terror-Netz ausgespannt werden?« Das steht heute in der taz.

Wenn wir weiterhin alles nur aus der Perspektive der Wirtschaft und der Politik betrachten und nicht endlich unter einem spirituellen Aspekt, dann steuern wir unweigerlich dem Abgrund entgegen. Wir brauchen ein neues Bewußtsein, und dieses Bewußtsein wird sich nicht aus der Sprache des Krieges entwickeln und erfahren lassen. Es war immer schon leichter, im Zorn mit der Faust dreinzuschlagen, als seinen Geist in ungewohnte Richtungen anzustrengen, einem ersten Aufflammen der Wut zu widerstehen und sich von liebgewonnenen Denkmustern zu verabschieden.

Der Mensch schreitet in seiner normalen Entwicklung vom Ich zum Wir, von egozentrischen Gefühlen hin zu soziozentrischen. Hier dürfen wir aber nicht stehen bleiben, denn nun kommt das erweiternde »weltzentrische« Stadium hinzu, das der amerikanische Philosoph Ken Wilber wie folgt beschreibt: »Man interessiert sich nicht mehr nur für den eigenen Stamm, das eigene Volk, die eigene Gruppe, sondern vielmehr für alle Gruppen, alle Völker ohne Ansehen der Rasse, des Geschlechts oder des Glaubens. Und dies fühlt man; es ist keine bloße Abstraktion. Man verlangt schmerzlich nach der Welt, wie seltsam dies auch klingen mag.«

Wir müssen wieder bereit sein, über diese Untrennbarkeit zwischen dem einzelnem Menschen und der Welt zu sprechen. Über die Verbindung unserer biologischen Existenz mit dem Universum. Über unsere geistige Verbundenheit mit allem, was lebt. Wir müssen – just in den Momenten des Erschreckens über den Schrecken – wieder zu sprechen beginnen von jener Schönheit des Daseins, die nur in beseelter Anschauung gefunden werden kann. So wenig wir die Erhabenheit des Daseins einzig mit einem pragmatischen Herrschafts- und Machtsicherungsdenken erfassen können, so wenig läßt sich Frieden mit Krieg erkaufen.

Frage an mich: »Können Sie mir eine Garantie geben für dauerhaften Frieden nach dem Krieg?« Ich antworte: »Nein, natürlich nicht. Auch wir Pazifisten können das nicht. Aber es sterben weniger Menschen dabei.«

14. November 2001

Afghanistan: Aus einer Polizeiaktion gegen Terroristen wurde still und heimlich ein Krieg. Statt Haftbefehl und internationalem Gerichtshof flächendeckendes Bombardement. Und wir sind wieder mal hörig. Man muß am Verstand unserer Politiker zweifeln. Nibelungentreue bis in den Tod – egal zu welchen Wahnsinnstaten sich Amerika noch hinreißen läßt.

Fundamentalismus kann nicht mit Waffen besiegt werden. Auch wenn es lächerlich klingt: nur mit Liebe. Fundamentalismus ist das Monster, dem wir uns täglich in uns selbst stellen müssen. Er bedient sich der Religionen, der politischen Ideologien, des Machismo, der Vaterlandstreue. Fundamentalisten bleiben in einer Phase der frühen Kindheit einfach stehen. Sie verweigern sich der geistigen Weiterentwicklung. Ihr Körper wird zu stark für die geistige Schwäche. Er muß zerstören.

Anstatt in sich zu gehen, stürmen die Menschen nach »draußen«. Sie vernichten lieber die Welt, als ihr Bild von sich selbst. Sie haben kein Vertrauen zur Erhabenheit der Schöpfung, zur Schönheit der Seele. Was uns so böse macht? Daß wir anders sein möchten, als wir uns verhalten müssen. Machtausübung findet immer Werten zuliebe statt, zu denen man uns erzogen hat. Wir sind nicht böse von Natur aus, sondern aus Unterwerfungsdisziplin. Es wird uns nicht gestattet, das in uns zu entwickeln, was uns liebesfähig macht, wir werden gemaßregelt mit Ethik und Moral, die aber nur Herrschaftsverhältnisse sind. Schauen wir uns doch um: Nicht Zuneigungsbereitschaft, sondern das Konkurrenzprinzip, die Maskenperfektion, die Rollenspiel-Beherrschung ist zum identitätsentscheidenden Prinzip geworden.

Jeder Selbstmordattentäter ist auch nur ein Feigling, denn er zerstört sich und die Welt aus Angst vor dem Leben. Also müssen wir ihm die Angst vor dem Leben nehmen. Wie wäre es mit Fürsorge statt Bomben, Lebensmittel statt Vernichtungswaffen, Medikamenten statt Minen? Wie wenig Zutrauen zu sich hat doch der Krieger. Wie viel Schönheit umgibt doch den Wehrlosen. Neue Leichen für altes Denken? Neue (schöpferische!) Leiden für die uralte Wahrheit, die uns am Leben erhält!

Die Krieger, das sind ja nicht nur die da draußen und die da oben – die Krieger, das sind auch wir. Das Leben – ein endloser Kampf. Unsere Gesellschaft züchtet Einzelkämpfer heran, die rücksichtslos nach den Kriterien eines Großunternehmens agieren sollen. Betriebswirtschaftliche Effizienzkriterien und unternehmerisches Kalkül bestimmen unser Geschäfts- und unser Privatleben, jeder einzelne von uns handelt schon bald wie ein Konzern, eine gnadenlose Ich-AG. Das hat uns der Neoliberalismus beschert: Eine Durchdringung von Ökonomie und Politik auf bisher nie gekannte Weise. Krieg in der Fußgängerzone, Krieg im Büro, Krieg in den Betten: Die Lifestyle-Kultur bedient sich des militärischen Vokabulars – alle kämpfen sich als mobile Einzelkämpfer zum Ziel: zur totalen Autonomie. Der Krieg ist der mentale Raum, der unser gesellschaftliches Leben bestimmt und in dem wir, perverserweise, unseren Seelenfrieden zu erreichen hoffen. Deshalb sind wir so schnell bereit, unseren Wohlstand mit den brutalsten Waffen zu verteidigen. Die Militarisierung hat uns bis in die verschwiegensten Ecken unseres Denkens durchdrungen. Wir leben in der Kultur des permanenten Gegenangriffs. Deshalb ist es wohl so schwer, umzudenken.

Überall Tanz auf dem Vulkan. Hurra, wir leben noch. Totale Desillusionierung hinsichtlich hochgespannter politischer Aktionskonzepte, aber auch Resignation in Bezug auf die uninspirierten Reformierungskräfte parlamentarisch legitimierter Gremien. Also: Die Demokratie scheinbar kurz vorm Kollaps. Der Schweizer Schriftsteller Urs Widmer nennt das, was wir leben, kurz, knapp »grobschlächtigen Darwinismus«.

Er widerspiegelt die kalte Souveränität der Ökonomie. Die Krankheit bereits der Jugend: rundum eine Welt des Enterbtseins. Für den Sinn des Daseins gibt es keinen Zuschuß mehr aus einer wertkonservativen Traditionsgesellschaft und keine wirklich helfende Antwort mehr auf die Frage: Wie soll ich leben? Güter und Informationen, das muß reichen, es reicht natürlich nicht. Und: zur Welt zu kommen, in wörtlichem Sinne wie in der Bedeutung eines Bewußtwerdungsprozesses – es muß heute leider zuallererst verstanden werden als Aussicht, zu kurz zu kommen.

Diese Gewißheit setzt, ebenfalls jenseits aller Parteienverhältnisse, eine andere Krankheit in Gang: jung bleiben zu wollen, um unangreifbar zu werden. Existenz-Konflikte, denen sich der Einzelne ausgesetzt sieht, müssen längst ohne den Rückhalt eines ständischen Selbstbewußtseins ausgetragen werden. Zeichen der Konditionierung für diesen Kampf finden sich überall, und in diesem Kampf lauert jenes eigentliche gesellschaftliche Gefahrenpotential, für das Steuer- und andere Reformdebatten nur die Folie einer bemühten, hilflosen Gesellschaftssorge bilden: Es gibt im Öffentlichen nämlich eine werberische Aggressivität, die als neue Rassenlehre, als Hygiene des Inhumanen bezeichnet werden darf. Alles auf Reinheit programmiert. Auf Überbietung. Der schöne Mensch. Das noch schönere Wohnen. Der gesunde Körper. Das noch gesündere Essen. Die Powerfrau, der Frauenpower (längst ist Emanzipation zum Ausdruck für die Vollendung geworden, mit der Frauen patriarchalisches Dominanzgebaren übernehmen). Schon die Kinder apart und schrill wie Modekönige. Fitness und Wellness für ein einziges Ziel: die Ausstaffage des Ich als beste Geschäftsgarantie. Als sei Schönheit nicht mehr nur auf Widerruf geliehen. Die Freizeit als Trainingslager derjenigen, die wissen, worauf es ankommt: Zukunft ist noch immer im Anzug, aber auf die Marke kommt es an.

Dieser militante Mythos des Sauberen, diese Aggressivität des Perfekten, bei der nur unter die Haut geht, was schon auf der Haut eindeutig ablesbar ist als ein porentiefer Zugehörigkeitsstempel – es verwandelt selbst noch ein natürliches Streben nach optimaler Lebensgestaltung in einen indirekten Vorwurf an die Zögerlichen und die Trägen. Jeder Jogger arbeitet bereits mit an der Zwangsneurose der Ertüchtigung. Jeder sportive Selbstüberwinder setzt einen Baustein in jene Mauer, die Aktive von Passiven und die Schnellen von den Langsamen trennt. Jeder diätbewußte Asket im Dienste des Managements hinterläßt den sphärischen Nachgeschmack, daß es vielleicht doch wieder wertes und unwertes Leben gäbe, und dieses Unwerte wäre: Abspaltung von der Norm des Fleißes; Unterscheidungswillen vom Karrieristen; Entfernung aus jener Uniformität der schnittigen Mittigen, die sich selbstredend als ungebundene Individualisten feiern, obwohl sie eine Masse der Austauschbaren sind. Jeder durchtrainierte Gesundbeter repräsentiert unbewußt ein System der unzähligen menschlichen Halbfabrikate, die den gesellschaftlichen Auftrag akzeptieren, sich selbst zu brauchbaren Fertigprodukten weiterzuverarbeiten – mittels Flucht ins Erlebnis von Muskelzuwachs oder Corporate Identity. Das ist das waltende Gesetz, unter dem »Designer-Individuen« (Peter Sloterdijk) ihren Vormarsch durch die Gesellschaft angetreten haben. Sie bevölkern Einkaufspassagen und bunte Titelseiten, Lounge Bars, Fernsehsoaps und Telefondienste. Was kann ich für Sie tun? ist der Standardsatz der modernen Dienstleistung, eine Überrumpelungsleistung der Freundlichkeit – aber was überall strahlt und die Gesichter und Stimmen »belebt«, ist nicht Neugier und Zugeneigtheit, sondern die blanke Angst, auf Grund eines ungünstig nachwirkenden Instinkts mehr Mensch als Apparat und Funktion zu sein.

Im Gegensatz zum Edelegoisten, der religiös davon entzückt ist, daß es ihn gibt, und der eine ihm aufgedrängte soziale Vorteilssucht als gute Gangart der Geschichte auslebt, existiert da aber noch der Gehemmte, der Ungeschmeidige – dem das kalte soziale Draußen mit lauter Absagen auf Anträge, mitzutun, sogar Angst vor dem eigenen Briefkasten eingebleut hat. Lust am Leben darf er immerhin daraus beziehen, daß er die Gesünderen, Ehrgeizigeren, Erfolgreicheren medial anstaunen darf – Selektion hat auch ihre gnädigen Seiten.

4. November 2001

Man muß sie mühselig suchen, die besonnenen Kommentare zur Lage der Welt.

Ich spreche nicht von der geheuchelten Besonnenheitsshow der Militärstrategen, sondern von den Beiträgen, deren Besonnenheit mit Sinn für den einzelnen Menschen zu tun hat. Ich spreche zum Beispiel von den Schriftstellerinnen Susan Sontag, Arundathi Roy und der Professorin für Politikwissenschaften Iris Marion Young – drei hochangesehenen Frauen, die viele Gründe hätten, gegen die frauenverachtenden Taliban Krieg zu führen. Dennoch sitzen sie nicht auf dem Schlachtroß, das gegen Afghanistan galoppiert, sondern rufen auf zur Vernunft, zum Nachdenken über wirkliche Hintergründe, zum Widerstand gegen die Propaganda.

Susan Sontag hat es gewagt, einmal mehr zu fragen, ob Terror nicht die automatische Konsequenz amerikanischen Großmachtgehabes sei. Und ob man nicht auch über sich selbst gründlich nachdenken müsse. Seither ist die Hatz auf sie in Amerika eröffnet. Selbst sogenannte Liberale stellen sie auf eine Stufe mit Osama Bin Laden und Saddam Hussein. Marion Young: »Wir kämpfen nicht gegen das Volk von

Afghanistan? Wir wollen sie von der Unterdrückung durch die Taliban und Bin Laden befreien? Zum Beweis werfen wir ein paar Beutel Nahrung hinunter. Das Werfen von Nahrungsmittelbeuteln hat eine Gemeinsamkeit mit dem Werfen von Bomben: Bei beidem geht man sicher, sich nicht mit den Menschen am Boden beschäftigen zu müssen. Als Feministin beschämt mich besonders, wie implizit von den Bildern afghanischer Frauen rhetorisch Gebrauch gemacht wird, um die Aggression der Vereinigten Staaten zu rechtfertigen ...«

Arundathi Roy, deren authentische Ausstrahlung endlich ein positives Gegengewicht ist zu allem, was ich in den letzten Wochen auf der weltpolitischen Bühne ertragen mußte, antwortet auf die Frage, ob ihr denn bewußt sei, welches Tabu sie mit ihrem Bush-Bin Laden-Vergleich gebrochen habe, seelenruhig: »Hoffentlich habe ich dieses Tabu endlich einmal gebrochen!« Herrn Wickert von der »Tagesschau« wollte man allein für das Zitat Berufsverbot erteilen.

Warum lese ich bei uns so wenig Roys und Youngs? Kommen sie nicht zu Wort oder melden sie sich nicht zu Wort? Haben bei der wichtigsten aller Fragen, nämlich der, ob wir berechtigt sind, auf Grund eines westlichen Denkmodells andere Menschen zu töten, einem bereits geknechteten und entrechteten Volk einen weiteren Krieg aufzuzwängen, wieder mal nur die Männer und ihre historisch allzu abgenutzten Ansichten und Antworten das Sagen? Die wenigen Männer, die in dieser Angelegenheit mehr als politische Pubertät aufzubieten haben – sie werden, wie unlängst Roger Willemsen, der Lächerlichkeit preisgegeben. Denn was sollte in einem polemischen Artikel der Hinweis auf Willemsens »Schwurbellocke« anderes bedeuten als: Seht ihn an, den verweichlichten, nahezu femininen Typen; wer solche Locken hat, kann nicht denken wie ein richtiger Mann.

Der »Feldzug gegen den Terror« sollte in Wahrheit jenen Namen tragen, den er verdient: Americas New War. Unser aller New War. Und dagegen gilt es aufzustehen. Wir haben nicht die Mission, andere zu retten. Es sei denn, sie haben Hunger oder Durst. Wirkliche Not muß uns wachrütteln, nicht aber Glaubens-, Bewußtseins- oder Ethiknot, die ja nur meint: Andere denken nicht so wie wir. Welche Welt ist es denn, wenn in unseren Zonen öffentlich »die Welt« ausgesprochen und verlautbart wird? »Die Welt darf nicht zusehen ...«, »Die Welt wird nicht dulden ...« Es ist unsere kleine überhebliche westliche Welt. In Nordrhein-Westfalen fahren mehr Autos als auf dem gesamten afrikanischen Kontinent. Wenn wir Menschheit sagen, meinen wir nur uns – und das spricht keineswegs für uns.

DEN ZUSTAND DER WELT SPÜREN WIE HUNGER UND SCHMERZ

Ein Interview von Wolf Loeckle,
Bayerischer Rundfunk, Alpha Forum
September 2002 (Auszug)

Wie kann man an einem Baum vorübergehen,
ohne glücklich zu sein ...

Fjodor M. Dostojewski

WOLF LOECKLE: Unlängst sind wir uns im Hörfunk begegnet, da warst du zu Gast bei »taktlos«, dem Musikmagazin des Bayerischen Rundfunks und der »Neuen Musikzeitung«. Es ging um das Thema »Musik und Sex«, und im Laufe der Sendung kam es dann zu einer sehr dezidierten Differenzierung, zu einer deutlichen Sympathieerklärung deinerseits für die Liebe, und daß der Sex einfach nur ein Fundament bzw. ein Hilfsmittel dafür sei. Wie hat sich denn dein Denken auf diesem Gebiet weiter entwickelt?

KONSTANTIN WECKER: Es ist jetzt natürlich müßig, über eine Sendung zu sprechen, die außer uns beiden vermutlich niemand gehört hat. Ich habe ja in dieser Sendung bereits gesagt, daß im Hinblick auf die Musik, die wir da besprochen haben, die Verbindung von Sex und Musik eigentlich nicht die richtige ist. Es gibt natürlich in der Popmusik eine eindeutige Verbindung zwischen der sexuellen Attitüde und Pose, der Pose der Popmusik. Dort gibt es sicherlich eine Verbindung.

Aber im Allgemeinen sollte man meiner Meinung nach doch Musik und Erotik, Musik und Liebe zusammenbringen. Denn das ist doch der Grundtrieb des Menschlichen und vermutlich auch der Grund dafür, überhaupt Kunst zu machen. Das ist die Sehnsucht nach Liebe, nach Vereinigung – im Gegensatz zur Trennung, im Gegensatz dazu, wie man sich als rationaler und dem diskursiven Denken verhafteter Mensch fühlt, denn hier fühlt man sich ja vereinzelt und alleine. Die schöne Sprache der Musik kann einen hingegen dazu bringen, dieses Vereinigungsgefühl zu erleben.

Du hast ja in deinem sehr facettenreichen Leben ganz unterschiedliche Elemente von Liebeszuwendung, Liebeszuneigung bzw. Liebesabneigung oder ein Zuviel an Liebe erlebt. Du hast dann, nachdem du durch manche Höllen gegangen bist und auch manche Gebirge erklettert hast, in deinem Leben eine Situation gefunden, in der sich im privaten Bereich, wenn ich mich nicht täusche, all das, was du soeben skizziert hast, voll erfüllt hat.

Wahrscheinlich konnte das nur funktionieren, nachdem ich zuerst einmal in mir selbst etwas gefunden hatte, was das überhaupt ermöglichte. Zuerst einmal sind wir ja meiner Meinung nach gesellschaftlich so geprägt, daß wir geliebt werden wollen. Wir sind jedoch nicht unbedingt so geprägt, daß wir lieben wollen. Wir wollen vielmehr beachtet werden, wir wollen Zuwendung bekommen. Auf diesem Gebiet sind wir eigentlich immer noch gewissermaßen frühkindlich. Dieser aktive Akt des Liebens erfordert natürlich auch eine innere Stärke. Er fordert vor allem, daß man in sich selbst etwas gefunden hat, aufgrund dessen man dann auch etwas geben kann. Es gibt dieses sehr schöne Gedicht von Goethe – ein sehr frühes Gedicht von ihm erstaunlicherweise, woran man mal wieder sehen kann, wie klug dieser Mann bereits in seiner Jugend war – mit dem Titel »Willkommen und Abschied«. Am Schluß heißt es dort: »Und doch, welch Glück geliebt zu werden, doch lieben Götter, welch ein Glück.« Schon der ganz junge Goethe wußte also bereits, daß beim Lieben die aktive Form das Wesentliche ist. Bei uns drückt sich hingegen diese Sehnsucht danach, geliebt zu werden, oft in sehr perverser Weise aus: Man tut alles, um geliebt zu werden, man verändert seine Persönlichkeit, man kleidet sich so, daß man anerkannt wird, daß man in der Clique und in der Gesellschaft akzeptiert ist usw. Man macht all das nur, weil man denkt, daß man dadurch mehr geliebt werden würde. Dies geht so lange, bis man irgendwann einmal feststellt, daß dabei eigentlich nur die Pose geliebt wird und nicht man selbst. Ich rede hier natürlich nicht deshalb so gescheit daher, weil ich mir das alles nur irgendwie angelesen habe. Nein, ich habe das alles ja selbst so erlebt. Ich weiß also durchaus, wovon ich hier spreche.

Das meinte ich mit den Hochgebirgen des Lebens, die du durchschritten hast. Was war denn jenseits der Mutterliebe die erste Liebe deines Lebens? War das schon die Musik?

Ja, das war sicherlich die Musik. Die Musik ist mir ja von meinem Vater vermittelt worden, denn mein Vater war Sänger. Ich sage immer, daß er Gott sei Dank ein erfolgloser Sänger war. Denn dadurch hatte er Zeit, mit mir Musik zu machen. Wäre er hingegen ein Welttenor gewesen – wozu er zweifellos die Veranlagung und das stimmliche Material hatte –, dann wäre mit mir sicherlich etwas ganz anderes passiert. Er war jedenfalls immer da, hatte Zeit und konnte mit mir üben. Wir haben zusammen Musik gemacht, und das war ein erstaunliches Erleben von Liebe in zweifacher Hinsicht. Das war erstens die Liebe zur Musik, die er mir vermittelt hat. Dazu kam dann zweitens noch die Liebe zum Vater, die sich zum Beispiel dadurch ausgedrückt hat, daß wir beide die größten und schönsten Liebesduette der Operngeschichte gesungen haben: ich mit meiner Knabenstimme die Frau und mein Vater eben die Männerpartie. Das war wohl schon so gewesen, daß da meine Mutter, meine mich sehr liebende und sehr fürsorglich mit mir umgehende Mutter, manchmal etwas eifersüchtig daneben stand: Sie mußte erleben, wie sich da zwischen Vater und Sohn ein sehr enges und eigentümliches Band knüpfte.

Wer hat dabei Klavier gespielt? Oder hattet ihr irgendwelche Platten, bei denen einfach die Stimmen nicht mit drauf waren?

Nein, nein so etwas hat es damals noch gar nicht gegeben, es hat selbstverständlich noch keine Play-back-Versionen gegeben. Es war so, daß wir die Klavierauszüge hatten und am Anfang auch immer noch ein paar Korrepetitoren, ebenfalls junge Männer, bei uns waren, die das ganz gut gemacht haben. Wir haben richtiggehend Hausmusik gemacht: Man hat sich einmal in der Woche getroffen und dabei nach dem Klavierauszug versucht, diese Opern zu durchwandern. Eine der ersten Opern, die wir damals gemacht haben, war »La Traviata«. Ich weiß das noch ganz genau, denn diese Oper ist mir bis heute vom ersten bis zum letzten Ton vertraut. Wir haben damals auch meistens die deutschen Versionen gesungen: zum Teil waren das wirklich schreckliche Texte. Aber es war dennoch sehr schön für mich. Meine Mutter war dabei aber auch insofern ein verbindendes Element, weil sie damals bereits erste Tonbandaufnahmen von uns gemacht hat. Wir haben wirklich mit dem ersten erschwinglichen Tonbandgerät Aufnahmen von uns gemacht: Diese Aufnahmen sind heute noch vorhanden und werden als Kostbarkeiten natürlich von mir strengstens gehütet. Das ist ein wirklich kostbarer Schatz, weil man auf diesen Aufnahmen spürt, wie lebendig die Musik sein kann und daß es gar nicht immer die Perfektion sein muß, die einen weiterträgt. Ich würde diese Aufnahmen natürlich nie veröffentlichen wollen, und um das geht es dabei auch gar nicht: Aber es ist unheimlich gut spürbar auf ihnen, wie da so ein zehn-, elfjähriger Junge versucht, die Callas zu kopieren, die ich damals eben von den Schellackplatten kannte. Ich versuchte damals wirklich mit der großen Attitüde der Callas in das Thema »Liebe« einzusteigen, denn es geht in diesen Opernduetten ja immer um Liebe.

Das wäre möglicherweise schönes Material für einen Menschen, der eines Tages mal ein Filmportrait über dich macht. Wie kam es dann eigentlich, daß Konstantin Wecker so voll und ganz in die Musik eingestiegen ist?

Daß ich voll in die Musik einsteige, war von Anfang an klar. Ich wollte auch nie so etwas wie Feuerwehrmann oder Eisenbahner werden. Ich wollte immer schon, schon als Kind, später ausschließlich Musik machen. Das war selbstverständlich.

Und daß ich Musiker werden würde, war auch selbstverständlich. Diesem Wunsch wurden auch keine Steine in den Weg gelegt. Was aber nicht selbstverständlich war, ist der Weg, den ich dann letztlich tatsächlich gegangen bin. Wenn man so im Rückblick auf die eigene Biographie schaut, dann verändert sie sich natürlich immer wieder etwas: Man betrachtet sich halt immer gerade unter dem Bewußtseinsstand, auf dem man sich im Moment des Rückblicks befindet. Dennoch kann man wohl feststellen, daß ich mit dem Verlust meiner Knabenstimme, mit dem Verlust der wunderbaren Leichtigkeit dieser Knabenstimme, schon auch einen Stoß aus dem Paradies erlebt habe. Ich bin damit wirklich in die Körperlichkeit hineingestoßen worden. Die Qualen der Pubertät haben sich dann auch in allen möglichen Taten und Untaten ausgedrückt. Ich bin sehr oft von zu Hause ausgerissen und wollte gleich schon mal als freier Dichter leben. Ich hatte nämlich bereits erstaunlich früh angefangen, Gedichte zu schreiben: Ich habe bereits mit zwölf Jahren damit angefangen.

Existentialistische Gedichte?

Nein, ganz am Anfang hatte ich mit Eichendorff-Kopien begonnen. Ich habe immer schon gerne kopiert. Es kamen dann aber mit vierzehn, fünfzehn Jahren bereits recht bald diese ersten »Eitergedichte«, wie sie von meiner Mutter genannt worden sind. Denn da ging es in der Tat mit ersten expressionistischen Gedichten los. Ich habe Trakl gelesen, ich habe den frühen Benn gelesen usw. Ich habe das alles aber irgendwie nicht zusammenbringen können. Ich wollte einerseits Musiker werden und habe andererseits Gedichte geschrieben. Ich wollte also einmal Dichter und ein anderes Mal Musiker werden. Ich bin freilich nie auf den Gedanken gekommen, daß man das auch verbinden könnte. Auf diesen Gedanken bin ich erst gekommen, als ich ein paar Jahre später Georg Kreisler und Franz Josef Degenhardt gehört habe. Das waren die zwei Leute, die bei mir den Ausschlag gegeben haben, auch mal meine eigenen Texte zu vertonen und zu singen. Ich hatte ja auch ursprünglich selbst einmal Gesang studiert, denn ich wollte doch Opernsänger werden. Genauer gesagt war es so gewesen, daß das vor allem mein Vater gerne gesehen hätte. Das habe ich dann aber bald abgebrochen. Ich habe bei Marianne Schech ein halbes Jahr lang Gesang studiert: Das war eine sehr schöne Erfahrung, aber ich war mir dann doch ziemlich sicher, daß ich diesen Weg nicht einschlagen möchte.

Kreisler und Degenhardt waren und sind ja bis heute Sänger, Kabarettisten, Künstler, die ein sehr politisches Bewußtsein in die Unterhaltungsszene hineingetragen haben. Da hat es also bei dir doch eine relativ große Bandbreite gegeben: Es gab auf der einen Seite Verdi usw. und auf der anderen diesen politischen Ansatz. Politisches Bewußtsein hat dich also schon sehr früh beeinflußt, geprägt und angetrieben.

Na ja, vielleicht ist es ja so gewesen, daß ich erst durch diese Leute überhaupt in dieses Bewußtsein hineingekommen bin. Klar war jedenfalls, daß ich in meinem Elternhaus die Möglichkeit hatte, viel, sehr viel mit meinen Eltern zu sprechen. Ich hatte wirklich im schönsten Sinne des Wortes ein sehr libertäres Elternhaus. Ich durfte schon mit zwölf, dreizehn Jahren mitreden. Mein Vater war wirklich ein sehr liberaler Geist und meine Mutter ebenso. Ich wurde zu Hause zu nichts gezwungen: zu keiner übermäßigen Frömmigkeit, zu keinem Kirchgang etc. Ich wurde auch in kein bestimmtes Weltbild hineingepreßt, wie das ja ansonsten damals so oft der Fall gewesen ist. Ich hatte auch das große Glück, daß meine Eltern definitiv keine Nazis waren. Ich mußte also im Gegensatz zu vielen anderen aus meiner Generation mit dieser Problematik nicht kämpfen. Sie haben sich beide in der Nazizeit sehr sauber, aufrecht und anständig verhalten. So war eben schon vom Elternhaus her die Saat für ein gesellschaftliches Denken angelegt. Trotzdem will man natürlich auch dann, wenn man ein unglaublich libertäres Elternhaus hat, in der Pubertät gegen die Eltern opponieren. Meine Opposition bestand darin, daß ich noch viel anarchistischer war, als das mein Vater je sein wollte und konnte. Ich habe mich mit sechzehn, siebzehn Jahren mit dem Anarchismus geschmückt, ohne jedoch eine wirkliche Ahnung davon zu haben. Ich hatte halt auch mal was von Stirner gehört und hab dies dann auch prompt mit großer Geste nach außen getragen. Ich war als Anarchist wirklich verschrien, aber ich glaube nicht, daß das im eigentlichen Sinne etwas Politisches war: Das war halt meine Form des Aufbegehrens.

Zur Zeit deiner Sozialisierung und politischen Bewußtwerdung war es für junge Menschen in diesem Land in der Mitte Europas durchaus schwierig. Die vorherige Generation hatte da etwas in Gang gesetzt gehabt, von dem man sich bis heute kaum vorstellen kann, daß das wirklich stattgefunden hat, und von dem sich fast alle Menschen wünschen, es hätte auch nie stattgefunden. Aber dieses »Tausendjährige Reich« hat nun einmal stattgefunden, und so war es für die nachwachsende Generation, die mit diesen Gott sei Dank nur zwölf Jahren dieses Reichs nichts zu tun hatte, doch sehr schwer, sich mit diesem Land zu identifizieren und einen eigenen Weg zu finden.

Heute wird ja diese Achtundsechziger-Generation sehr gerne verteufelt: Es ist leider »in«, das alles unter der Rubrik »Gewalttäter« abzutun. Das ist aber ein sehr gefährlicher Weg, der da heute gegangen wird. Man muß sich statt dessen noch einmal klar vor Augen halten, warum bei uns die Achtundsechziger-Generation überhaupt entstanden ist. Sie entstand bei uns – nach dem Krieg fand selbstverständlich überall auf der Welt ein allgemeiner Aufbruch der Jugend statt – aus einem Widerstand gegenüber dieser unendlichen Verfilzung von ehemaligen Nazis und aktueller Gesellschaft: Es gab immer noch unheimlich viele Nazis, die auf entscheidenden Posten der Gesellschaft hockten. Dies wird heute einfach nicht mehr thematisiert, das war aber für uns damals wirklich unglaublich schrecklich. Die meisten Politiker, die damals etwas zu sagen hatten, hatten eine schräge Vergangenheit! Erst die Achtundsechziger haben das überhaupt mal aufgedeckt. Dazu kam, daß viele von uns Väter und Mütter hatten, die einem Gedankengut verhaftet waren, bei dem man schon in arge Gewissenskonflikte gekommen ist, wenn man das als junger Mensch bei den eigenen Eltern entdecken mußte. Denn zunächst einmal will man ja die eigenen Eltern lieben: Jedes Kind will seine Eltern lieben! Ich kann da schon sehr gut nachvollziehen, warum damals eine gewisse Radikalisierung stattgefunden hat. Wir sollten auch nicht vergessen, daß es eigentlich eine Notwendigkeit der Jugend ist, daß es geradezu eine Verpflichtung der Jugend ist, Verkrustetes aufzudecken, sich gegen alles zu wehren, was nicht die Chance bietet, sich immer wieder zu erneuern und wirklich im Wandel zu sein. Ich hoffe übrigens, daß da jetzt bei den unter Zwanzigjährigen wieder eine ähnliche Generation da ist: Ich habe das so ein bißchen im Gespür und habe das in den letzten zwei, drei Jahren schon auch ein wenig selbst so mitbekommen. Ich hoffe, daß da jetzt eine Generation kommt, die sich – befreit von all diesen Diskussionen – wieder darauf besinnt, daß Jugendliche eigentlich ein Potential zum Revolutionären haben sollten.

Du meinst ein anarchisches bzw. anarchistisches Potential. Der Begriff der Anarchie hat ja in manchen Ohren einen sehr negativen Beigeschmack. Wenn man das aber ein bißchen genauer betrachtet und die Geschichte des Anarchismus ein wenig Revue passieren läßt, dann sieht man, daß es da in der Geschichte einige Momente gege-

ben hat, bei denen gerade diese Denkungsart die etablierten Verhältnisse aufgebrochen und weiterentwickelt hat. Ohne die Achtundsechziger-Bewegung sähe diese kleine Bundesrepublik ja auch nicht so aus wie heute, wie sich Deutschland überhaupt in einer damals noch gar nicht vorstellbaren Liberalisierung entwickelt hat. Das alles ist damals alles mitbewegt worden. Daß nun aufgrund der politischen Ereignisse in den letzten zehn bis vierzehn Jahren wiederum eine ganz andere Konstellation eingetreten ist und zum Beispiel nun auch ein ganz anderes Kapitel wie der real existiert habende Sozialismus historisch aufgearbeitet werden müßte, ist eine andere Frage. Es ist jedenfalls einfach immer notwendig, daß in einer Gesellschaft Kräfte vorhanden sind, die das Etablierte verändern. Dies ist manchmal mit einer gewissen Gewalttätigkeit verbunden. Ich meine allerdings, daß die Achtundsechziger im Vergleich mit dem, was heute hier und dort stattfindet, bei ihren Gewaltanwendungen relativ bescheiden waren. Wie beurteilst du das, Konstantin? Welche Rolle kann, soll, muß Gewalt spielen beim Verändern von Strukturen?

Ich habe auch früher schon nie einen Zweifel daran gelassen, daß ich in jeder Hinsicht gegen eine gewaltsame Veränderung bin. Ich war nie der Meinung, daß gewaltsame Revolutionen wirklich einen Sinn haben. Ich glaube, daß die Gewalt, daß die mangelnde Beschäftigung mit dem Thema Gewalt und vor allem mit dem Thema Frieden die Menschheit nun in die Situation gebracht hat, in der wir uns nun befinden. Davor dürfen wir nicht die Augen verschließen. Wir sind wirklich kurz vor dem Abgrund: Wir sind nicht so toll, wie wir uns fühlen, und wir sollten, nur weil wir zum Mond geflogen sind oder weil wir ein paar Raketen ins Universum hinaufgeschickt haben, auch gar nicht so überheblich sein. Wir haben vielmehr kaum etwas geschafft und zerstören die Erde am laufenden Band. Wir zerstören die Kinder durch die Erziehung, wir zerstören immer noch die Dritte Welt systematisch. Wir machen das alles, indem wir an der falschen Stelle Gelder ausgeben. Wir befinden uns also in einer Situation, in der wir dabei sind, uns auszurotten und die Erde zu vernichten. Das ist ganz einfach so. Ich glaube, daß das fast jeder zugibt: auch viele von diesen zynischen Leuten, die sagen, »Laß uns hauptsächlich Spaß haben«. Selbst diese Menschen würden das zugeben, denn sie würden sagen: »Nun gut, dann ist es eben so, aber wir können dagegen sowieso nichts machen!« Ich glaube vielmehr, daß man etwas dagegen tun kann. Man kann wirklich etwas dagegen tun: Aber nicht, indem man als Mahner auftritt, sondern indem man das eigene Bewußtsein so schult, indem man sich so sehr damit konfrontiert, daß man all diese schrecklichen Dinge, die in unserer Gesellschaft passieren, so verinnerlicht, daß man sie wirklich spürt, und zwar so, wie man Hunger und Schmerz empfindet, daß man plötzlich lernt und spürt, daß wir verbunden sind mit allem, was lebt. Das war meines Erachtens immer schon auch die Aufgabe und die Chance der Künstler. Wenn ich mir heute wieder einmal Hermann Hesse durchlese, dann spüre ich immer wieder eine ganz bestimmte Grundtendenz bei ihm. Dies ist bei ihm auch dann der Fall, wenn er sich zur Politik äußert, was er freilich gar nicht so oft gemacht hat, wenngleich er ganz wunderbare und kernige Sätze auch hinsichtlich der Politik gesagt hat. Er sagt nämlich immer Folgendes: »Ich bin auf der Seite des menschlichen und nicht auf der Seite des politischen Denkens!« Das menschliche Denken führt uns unweigerlich dazu, daß wir verbunden sind mit allem, was ist und mit allem, was lebt. Was passiert denn momentan? Man ist wieder bereit, sein Weltbild in Gut und Böse aufzuteilen. Obwohl man doch gedacht hat, daß man genau das seit der Aufklärung überwunden hätte. Nein, nichts da. Dann passiert so etwas Schreckliches wie in Erfurt mit diesem jugendlichen Amokläufer und alle machen sich kluge Gedanken darüber. Es gibt sicherlich eine Reihe von Gründen, warum so etwas passiert, aber ein Grund wurde kaum erwähnt: Daß es doch in einer Gesellschaft, die zur Zeit wieder den Kampf gegen das »Böse« als selbstverständlich empfindet, die zur Zeit die Wiederbewaffnung als selbstverständlich empfindet, kein Wunder ist, daß irgendwelche fehlgeleiteten, irregeleiteten, neurotischen, psychotischen Jugendlichen auch ihren Krieg gegen den Terror führen wollen.

So lange wir beide zurückdenken können, ist in den Sozialisierungsumgebungen, in denen wir beide uns entwickelt und verändert haben und in denen wir vielleicht auch ein bißchen gewachsen sind – du zumindest –, immer von Sensibilisierung die Rede gewesen, von Steigerung der Kreativität, von Gewaltlosigkeit usw. Dies hat eine Zeit lang auch ein bißchen was gebracht, letztlich hat das aber auch zur Spaßgesellschaft geführt. Nun sind wir erneut dort angekommen, wie du das soeben beschrieben hast. Möglicherweise ist das heute sogar einige Levels brutaler als je zuvor. Es gab damals ja auch diesen berühmten »Club of Rome«, der argumentativ versucht hat darzulegen, daß dann, wenn man sich ein wenig beschränkt und einiges ein bißchen reduziert, dies auch dazu beitragen würde, daß das Leben auf diesem Globus besser werden wird. Es wurden damals die Grenzen des Wachstums aufgezeigt. Es hat sich aber herausgestellt, daß das alles nicht funktioniert. Es gibt nämlich Gegentheorien, die ihrerseits beweisen, daß es ein begrenztes Wachstum gar nicht geben kann. Wenn man sich aber mal diese unvorstellbare Verschwendung der Natur ansieht, wenn man sich ansieht, was alle Jahre wieder im Frühjahr an Blüten, an Samen, an neuem Leben entsteht, dann fragt man sich manchmal schon, wofür das eigentlich entsteht. Wie denkst du, daß wir weiterhandeln sollen? Wir haben es ja miterlebt, wie es bisher gelaufen ist: Es reichte von einer Sensibilisierungsphase, die ja auch ein bißchen was gebracht hat, nun bis zu dieser neuen Gewalteskalation. Wie soll man da weitermachen? Soll man sich da larmoyant in die Ecke setzen und Däumchen drehen oder soll man weiterhin wie Konstantin Wecker versuchen, die Menschen aufzurütteln mit den Mitteln der Sprache, mit den Mitteln der Musik, mit moralischer Kompetenz?

Es geht gar nicht ums Aufrütteln anderer, denn es geht meiner Meinung nach zuerst einmal um einen selbst. Ein politisches Engagement, das keinen dauernden Bezug zum eigenen Selbst hat, ist für die Katz' und führt zweifellos in starre ideologische Haltungen: Dann wird es sogar gefährlich. Wenn man sich politisch engagiert oder wenn man politisch agitieren will, dann muß man also immer wieder die Rückfrage stellen, was in einem selbst in diesem Moment geschieht. Dies wurde auch 1968 bereits versucht. Hanns Dieter Hüsch hat einmal gesagt, »Faschismus beginnt in der Wohnküche.« Er meinte damit, er beginnt im eigenen Herzen, und daß man sich da selbst immer wieder befragen muß. Ebenso muß ich mich selbst, der ich die Gewaltlosigkeit propagiere, immer wieder fragen, wo denn bei mir die Gewalttätigkeiten verborgen sind. Ich glaube, die einzige Chance, die wir haben, besteht darin, daß man zuerst einmal in sich selbst hineingeht, daß man eine innere Arbeit leistet, daß man einen inneren Weg geht. Hier können uns die Erkenntnisse der heutigen Psychoanalyse sehr helfen. Hier können uns aber auch diese jahrtausendealten spirituellen Traditionen helfen. Wenn ich mir zum Beispiel den Buddhismus ansehe oder das nicht durch die Kirche in bestimmte Bahnen gelenkte Christentum, dann entdecke ich auch hier eine große Hilfe, die immer auch mit der Erforschung der eigenen Seele zu tun hat. Wenn ich also versuche, Gott in mir selbst zu suchen, dann werde ich diese »Höllenwege«, wie sie Hermann Hesse so schön nennt – er spricht nämlich, glaube ich, irgendwo in einem Brief von diesem »Höllenweg zu mir selbst« – alle in mir selbst entdecken. Erst dann kann ich genau auf Grund dieses Bewußtseins natürlich auch ganz anders nach außen handeln. Der zweite Punkt ist, daß wir ganz einfach eine völlig andere Erziehung ansetzen müssen. Ich lasse niemals mehr einen Satz gelten wie: »Das hat ja bei mir auch nichts geschadet, das siehst du doch!« Das ist dieser Satz, den man immer wieder im Zusammenhang mit Kindern hört, wenn man sagt, daß man die eigenen Kinder nicht mit Gewalt und Schlägen erziehen will. Da hört man eben immer wieder von anderen Menschen diesen Satz: »Wieso, das hat doch bei mir auch nichts geschadet.« Darauf kann ich nur die Antwort geben: »Das hat es anscheinend schon, denn schauen Sie sich doch bitte selbst einmal genau an!« Wenn ich mir diese Gesellschaft so ansehe, dann hat alles geschadet, wie wir bis jetzt unsere Kinder erzogen haben. Es tut mir leid, aber das muß wirklich völlig neu gemacht werden. Petra Kelly sagte einmal diesen wunderschönen Satz: »Ich will nicht die Welt verändern, ich will eine andere Welt!« Sie hatte Recht! Auch ich möchte eine andere Welt, eine andere Gesellschaft, eine weniger blutrünstige Welt, eine weniger gierige, eine weniger verlogene Gesellschaft. Man muß sich das einmal vorstellen: Man schickt heute seine kleinen Kinder, diese wunderbaren kleinen Wesen, die so vertrauenswürdig und vertrauensvoll und mit großen, wunderbaren Augen in die Welt hineinschreiten, in eine Gesellschaft hinein, in der alles nur noch um Lüge und um die eigene Bereicherung geht. Man geht irgendwo einkaufen und kann sich sicher sein, derjenige, der einem etwas verkauft, will einem nicht das Beste verkaufen, sondern will mit neunundneunzigprozentiger Sicherheit nur in seinen eigenen Geldbeutel das Beste hineinschaffen. Das ist nun einmal so, und wir leben nun in der Postmoderne. In diesem Zynismus der Postmoderne haben wir uns so sehr damit abgefunden, daß wir gesagt haben: »Na gut, das ist halt so, schauen wir halt, daß auch wir unsere Geschäfte dabei machen!« Vielleicht muß man einfach mal einen Bruch machen, vielleicht muß man es wagen, eine Krise zu erleben, denn Krisis heißt ja Verwandlung. Ich habe jedenfalls eine Krise mit dieser Gesellschaft: Sie ist für mich nicht lebenswert. Sie bietet einem nicht die Möglichkeit, wirklich ein erfülltes, ein lebendiges Leben zu leben. Sie bietet mir vielleicht die Möglichkeit reich zu werden, das mag sein. Aber ich muß ehrlich sagen, daß ich darauf pfeife.

REICHTUM IST OBSZÖN. REICHTUM MACHT ARM.

Tagebuch Oktober 2001 bis Juni 2001

... nicht das ist schuld, daß die Lage oder die Dinge dich hinderten! Sondern du bist es in den Dingen selber, was dich hindert: Deine Stellung zu den Dingen ist verkehrt.

Meister Eckhart

3. Oktober 2001

Allmählich kommen nun doch auch die besonneneren und klügeren Köpfe zu Wort. Zum Beispiel Oliver Fahrni in der »Woche«: »Die Gedankenpolizei patrouilliert – diesmal in der schmucken Uniform empörter Betroffenheit. Reihum watscht sie jene ab, die nach dem Massaker noch Fragen haben ...«

19. September 2001

Meines Erachtens war der 11. September kein Anschlag auf Amerika, sondern ein entsetzliches Verbrechen gegen 5000 einzelne Menschen aus über 60 Nationen. Wie sagte der russische Dichter Jewgeni Jewtuschenko? »Nicht Menschen sterben, Welten hören auf.« Meine uneingeschränkte Solidarität gilt diesen Menschen, ihren Freunden und Verwandten; meine Solidarität gilt nicht einer Nation als politischer Sammelmenge, nicht einer Ideologie. Das bedeutet auch: Wir alle sind jetzt aufgefordert, umzudenken, nicht nur die Amerikaner. Es geht darum, unsere westliche Lebensweise des Überflusses, der Verschwendung, der Gedanken- und Geistlosigkeit zu überdenken. Unseren Hochmut und unsere Ignoranz.

Für mich ist es so unendlich traurig, daß keine, aber auch gar keine Bereitschaft mehr besteht, darüber nachzudenken, ob für Afghanistan Medikamente und Lebensmittel nicht besser wären als die nun vorgesehenen Bomben. Wer jetzt von Versöhnung statt Vergeltung spricht, wird bestenfalls als mitleidsloser Narr abgetan. Jetzt rotieren wieder die Argumentationsmaschinen der Gesinnungswächter, und sie rotieren erbarmungslos ideologisch: Wer nicht für uns ist, ist gegen uns. Der akademische Feinsinn artikuliert sich leider anpasserisch und in geübter Selbstgenügsamkeit. Von den sicheren Anhöhen der Schreibtische wird schon mal auf künftige Kriegsfronten herabgeblickt. Was im allgemeinen Aufruf zu Patriotismus und festen Reihen gegen den Terror verschwindet, ist das Kampfunbrauchbare: Unterscheidungen, lästige Komplexitäten, zögernmachende Einsichten, kurz, »der dritte Gesichtspunkt«, von dem Peter Sloterdijk spricht. Wer nicht mittun wird bei den klaren Hieben (gegen wen konkret eigentlich?), der wird kurzerhand ins Lager des Feindes hineinkommentiert. Wir werden sehr klar und sehr schnell beobachten können, wie der Geist eingeschüchtert, ja vergattert wird, als sei er ein Soldat unter Fahneneid.

14. September 2001

Im Fernsehen kommen zum 11. September anscheinend nur Hardliner zu Wort. Schon wieder kann man ahnen: Geschichte ist Macht. Das ist zweifellos. Doch es ist das Wesen der Macht, zu verfaulen. Der hat einen schlechten Geruchssinn, der das nicht wahrnimmt. Es riecht schon wenige Stunden nach dem schrecklichen Anschlag nach der Fäulnis einer Vergeltung, die nichts in positive Richtung verändert.

Gott sei Dank gibt es Ausnahmen, zum Beispiel Horst-Eberhard Richter heute im WDR. Er hat von der Notwendigkeit gesprochen, nun auch mit den Moslems, die über den Terror ebenso entsetzt sind wie wir, sehr, sehr eng zusammenzurücken. Auch die Medien seien hier gefordert; islamische Reaktionen und Kundgebungen der Trauer dürfen nicht als scheinheilige Tarnmanöver des Hasses abgetan werden.

Um den Trauerkundgebungen hierzulande mehr Glaubwürdigkeit zu verleihen, sollten wir vielleicht von nun an täglich einige Minuten der Besinnung einführen – und zwar für all die Unterdrückten, Hungernden, Verhungerten, Abgeschlachteten und Mißhandelten der »unzivilisierten« Welt. Frieden kann erst eintreten, wenn wir teilnehmen am Schicksal aller Geschöpfe dieser Erde. Eine globalisierbare westliche Ethik gibt es nicht. Man kann Ideen nicht exportieren. Aber ich habe arge Befürchtungen: Es wird politisch, militärisch weitergehen wie bisher. Könnte es sein, daß wir in die falsche Richtung schauen? Dorthin, wo wir nur immer uns selber sehen, ein Bild, in dem wir uns sehr stark und gerecht und verflucht gerechtfertigt vorkommen? Sind wir zu schwach, um unseren Gesichtern jenes Zum-Himmel-Schauen anzugewöhnen, das sich der Demut öffnet?

13. September 2001

Man findet im unübersichtlichen Berg der medialen Auswürfe täglich etwas, das klugen Journalismus beweist, etwas, das haften bleibt. Im Leitartikel der heutigen »Woche« schreibt Sabine Rosenbladt: »Die Opfer der Globalisierung schlagen zurück ... Vielleicht haben die jugendlichen Globalisierungsgegner von Seattle, Göteburg und Genua nur früher als die westlichen Regierungschefs erkannt, daß eine Weltordnung, die wenige sehr reich, aber viele viel ärmer macht, auf tönernen Füßen steht ... Ob es andere Mittel gibt, mehr globale Gerechtigkeit zu schaffen – auch darüber muß nach diesem entsetzlichen 11. September geredet werden. Die Antwort kann nicht nur mit Blut geschrieben werden.«

12. September 2001

Gerade habe ich in einem ausgezeichneten Kommentar des »Kölner Stadtanzeigers« von der Notwendigkeit gelesen, die Prinzipien der Menschlichkeit auch dann nicht aufzugeben, wenn diese mit Füßen getreten würden. Im Chaos der nur zu verständlichen Emotionen wird jetzt besonders von Politikern in den USA ein fast übermenschliches Maß an Beherrschung verlangt. Sonst könnte sich die apokalyptische Tat von New York und Washington in ein Inferno für die Welt auswachsen.

11. September 2001

Das World Trade Center ist zusammengestürzt. Ist es nicht entsetzlich, was Nationalismus und Fanatismus anrichten? Wie verblendet und von Haß verbrannt muß man sein, um sich zum Massenmord berechtigt zu fühlen? Zum heiligen Krieg? Mein ganzes Mitgefühl gilt den Amerikanern: den Verletzten, den Verwandten und Freunden der Toten, den Kindern und Müttern und Vätern, allen, denen der heutige Tag des grausamen Flugzeug-Anschlags das Leben zerstört hat. Wie viele Kinder warten heute vergebens auf ihre Mütter und Väter?

Uns erschüttern diese Bilder auch deshalb so, weil es ein Attentat auf unsere »zivilisierte«, westliche Wohlstandsgesellschaft ist. Aber ich denke, gerade in solchen tragischen Momenten sollten wir auch der 80 000 Menschen gedenken, die täglich verhungern. In Gegenden, die sehr weit weg sind. Am Rande sich rasant ausbreitender Wüsten. In Ruanda, in Burundi. Dort leben und sterben, dort hungern und weinen Menschen, denen keine erschütternden Sondersendungen gewidmet werden. Für diese Menschen senkt sich keine Moderatorenstimme in die Traurigkeit und aufrührende Anteilnahme.

Anstatt jetzt nach Rache zu schreien und mit Haß zu reagieren, sollte uns diese Schreckenstat von New York daran gemahnen, endlich etwas abzugeben von dem Zuviel, das wir in unserem Teil der Welt besitzen.

Als ich vor vielen Jahren in Lima für das Goetheinstitut gastierte, wohnte ich bei dem Leiter dieses Instituts in einem von einer Privatarmee bewachten Wohnblock. Die Wohnung war nochmals abgesichert mit Panzertüren, und im Schlafzimmer lagen zwei geladene Maschinenpistolen. Der Hausmeister raunte mir zu, wenn die im Lande herrschenden Familien nur ein paar Prozent abgeben würden von ihrem Reichtum, dann wären sie immer noch reich genug, aber sie müßten nicht mehr so panische Angst haben vor den Armen und Hungernden. Liegen dort die Sammelzellen für eine Internationale des Hasses, die über uns hereinbrechen wird? Eines Tages, so schrieb Heiner Müller, wird die Geschichte in euren Schlafzimmern stehen, und sie wird ein Messer zwischen den Zähnen haben. In den Zeiten, die heraufkämen, so der Dramatiker, wird »Ödipus« eine Komödie gewesen sein. Wenn ich jetzt aus amerikanischen Mündern von Vergeltung und Gerechtigkeit reden höre, dann lauert unter dem Schmerz, der diese Worte diktiert, etwas anderes, etwas, das dort schon immer lauerte: die Auffassung von einem Recht, das andere beugt. Das Messer, von dem Müller sprach – es hatte die Form mehrerer Flugzeuge. Ein Vorgeschmack auf eine Zukunft, die keine mehr sein wird? Ich habe Angst, aber auch Wut.

Ich hoffe trotzdem, daß man sich jetzt, nach dem Anschlag aufs World Trade Center, nicht wieder einzig zu dieser sattsam bekannten, unrühmlichen und nichts bessernden harten imperialen Antwort hinreißen läßt. Das würde die Spirale der Gewalt nur weiter drehen. Wir leben noch immer in den Kulissen einer politischen Religion, die zur Gründung und Erhaltung von Herrschaft diente. Einer Herrschaft, die auch Terroristen produziert. Die Zeit der Trauer sollte eine Zeit der Besinnung sein. Für uns alle.

Was sind das für Jahre, die der Mensch in seinem Leben die mittleren nennt? Die Fragen, die man sich jetzt stellt, entfernen sich von der äußeren Welt, zielen aufs Wesentliche, aufs Wesenhafte. Es sind die Jahre, da man die flüchtige Bilderschrift, die die Vogelfüße in den Staub der Straße setzen, mit anderen Augen betrachtet. Wann und wo beginnt die innere Biographie eines Menschen? Es ist eine verborgene Handschrift, die man entdecken muß. Diese Biographie ist mehr als unser Herzschlag, sie wird in einem Text geschrieben, zu dem es keine Wortbrücken gibt.

7. September 2001

Natürlich hatte ich etwas Angst, ob sich die vielen neuen Eindrücke, die sich in den letzten Jahren in mir angesammelt haben, in Liedern überhaupt ausdrücken lassen. Um so freudiger, erwartungsvoller, aufgeregter gehen wir jetzt an die Vorbereitung für die Tour. In den letzten Tagen konnte ich feststellen: Obwohl natürlich keines meiner neuen Lieder nach üblich gewordenem Maß radiotauglich ist, gibt es noch immer einige engagierte Rundfunkredakteure, die sich und dem Publikum Nischen in den Sendern geschaffen haben, in denen anderes zu hören ist als der übliche Soundbrei.

Ich glaube fast, die Zahl der Menschen wächst, die sich nicht hinter jenem Zynismus verstecken, mit dem man so cool durch diese Zeiten kommt. Der Mensch hat vielfach an Substanz verloren, die Verflachung des Lebens nimmt zu, die Masse kocht sozusagen über, der einzelne ist auf den Märkten ein Billigprodukt geworden, er wird ständig weiter preisgesenkt, rentabel ist dieser Markt nur für diejenigen, die ein Leben lang von der Arbeit anderer leben. Wir müssen die Raumkrümmung wiederfinden, die zum Menschen zurückführt.

16. August 2001

Am Montag um 10 Uhr hat meine neue CD nun endlich das Mastering Studio verlassen. Ich bin froh, so lange gewartet zu haben, denn ich glaube, vor ein paar Jahren wäre mir dieser Liederbogen so noch nicht gelungen. Die siebzehn Lieder drücken das, was mich (und ich glaube viele andere) zur Zeit bewegt, weit besser aus, als ich es in Worten allein erklären könnte. Ich habe mich von meinen Liedern wieder überraschen lassen, und auf dieses Geschenk habe ich eben diesmal sehr lange warten müssen. Was man in sich hat, weiß man ja nie. Ich erfahre es durch das Schreiben meiner Lieder. Wenn ich schreibe, bin ich liebevoll rücksichtslos gegen mich. Gegen mich und alle. Aber nicht bösartig. Bösartig heißt: zielsüchtig sein. Das aber würde alle Wege zu meinem Selbst stark verkürzen. Was in uns geschieht, wenn wir Erfahrungen gemacht haben – wir können es nicht bestimmen und wohlfeil steuern; deshalb ist Schreiben etwas Passives, es überkommt einen, es ist ein Entgegennehmen, wie gesagt: ein Geschenk.

23. Juli 2001

Es ist schon traurig, wie wenig die weltweite Protestbewegung gegen die neoliberale Wirtschaftsglobalisierung hierzulande zu Wort kommt. Eine neue Jugendrevolte würde wohl einigen Mächtigen nicht ins selbstgefällige Konzept passen. Ich habe den Namen des US-amerikanischen Milliardärs vergessen, der sich mit folgendem Satz schmückt: »Ich bin lieber ein guter Kerl als ein schlechter. Aber ich bin auch lieber ein schlechter reicher Kerl als ein armer guter.« Diesem Zynismus ist nichts mehr hinzuzufügen.

4. Juli 2001

Es war ein wunderbarer Konzertabend im Münchner Tollwoodzelt. Was für ein Auftakt für unsere Tour! Schön zu wissen, daß Hannes Wader und ich nicht alleine sind mit der Hoffnung, daß sich politisch wieder etwas bewegt bei vielen Menschen. Es geht ja um nichts weniger als um unser aller gemeinsame Zukunft auf diesem Planeten, und das kann man nicht einfach den Gesetzen und Regeln des freien Marktes überlassen. Rudi Dutschkes Traum vom »Marsch durch die Institutionen« ist an der Realität gescheitert, am enormen Anpassungsdruck, den die Institutionen auf jeden ausüben, der sich ihnen nähert. Und sei es aus noch so reformerischer Absicht und rebellischer Entschlossenheit. Der Mensch verliert in den Parlamenten an Widerstandskraft. Der offen auszusprechende, sich querlegende Hintergedanke wird in den Gremien abgedrängt oder abgeschliffen. Die Differenzierungen des politischen Geistes werden notleidend, und die Nuancen der Meinungsbildung sterben. Vereinfache dich und ergreife Partei! – das ist die traurige, widerstandsarme Losung des gegenwärtigen politischen Pragmatismus, das ist die Lage in den müden, grauen, lauen parlamentarischen Gremien. Deshalb wird sich ohne außerparlamentarische Aktionen wirklich nichts ändern. Ich will bestimmt keine Wiederauferstehung von Achtundsechzig – aber wieder ein Aufstehen wäre doch gar nicht so schlecht. Wo ist es zu erwarten? Es wird jenseits der Parteien geschehen, in Bürger-Bewegungen.

Weil es in absehbarer Zeit kein wirkliches politisches Jenseits des Kapitalismus geben wird, ist es nur natürlich, daß alle Parteien aufeinander zugehen. Und irgendwie ineinander verschwinden. Womit sind denn Parteien beschäftigt? Mit Flexibilitätstraining, mit Milieuverzicht, mit Fließeleganz. Um biegsam zu bleiben für jede Richtung, in der eine Koalition

greifbar und also machtbeteiligtes Überleben möglich ist. Altmodisch und überholt sind jene Vorstellungen, die etwas zu tun haben mit organisatorischer Verläßlichkeit von Parteien, mit fester Gesinnung, mit Generationenverankerung, mit normativ geprägtem Leitbild und ebensolchem Personal. Noch gibt es den komplett frei florierenden Wählermarkt nicht. Aber er deutet sich als zukünftige Realität doch schon mächtig an. Was wird dem Milieu, als dem eigentlichen Bindemittel von Parteien, denn folgen? Neue Vernetzungen, neue Kontaktkreise, nur nicht mehr so großflächig und lebenslang angelegt wie einst, sondern beliebig kombinierbar, schnell kündbar, leicht ersetzbar. Die Parteien buhlen um den Menschen, der sich nicht festlegt: um jenen, der gegen Tiertötung ist, aber auch Steaks und gebratene Fische benötigt. Der gegen die Verpestung der Luft ebenso votiert wie gegen die Vergrößerung des Ozonlochs – aber der Tempo 100 auch nach härtesten Bestrafungen nicht lernen will. Die »Außerparlamentarischen«, die noch ein bißchen die Kompromißlosigkeit des Träumens, Denkens und Handelns verkörpern – sie sind also eine unbedingte Hoffnung; das Fähnlein der letzten Aufrechten. Einsame Hüter eines nicht wandelanfälligen Sinns. Unbeliebige, die sich einer Politik entziehen, die nur noch medial stattfindet und eine Art Informationsfeudalismus ist, dessen Wortführer ohne Überzeugungen auskommen.

Immer öfter werde ich gefragt, ob denn auf der entstehenden CD nun wirklich neue, eigene Lieder zu hören sein werden. Ja. Ich habe den etwas provokanten Titel »Vaterland« gewählt, da mir das Thema zur Zeit sehr am Herzen liegt. Mit neuen eigenen Texten habe ich freilich so lange gewartet, bis ich mir sicher sein konnte, daß nichts von meinen persönlichen Problemen der letzten Jahre in meine Lieder einfließen, sie vordergründig besetzen und somit vielleicht zu privat machen würde. Ich will nicht ausbeuterisch hausieren gehen mit so etwas und den Eindruck erwecken, das, was mit mir passiert ist, sei eine Chance für Charts. Wenn ich über Leiden schreibe, muß es tiefer gehen. Wir sind alle Versuchswesen. Aber diese immer währende Unmöglichkeit, das Leben unverletzt, unbeschädigt zu leben und heil davonkom-

men zu können, ist gar nicht so schlimm. Schlimmer ist es, schon das als Leben zu bezeichnen, was höchstens seine Oberfläche, nie aber sein Sinn ist. Jedes Gefühl asketischer Sicherheit ist trügerisch. Wie der Reiter, der den gefrorenen Bodensee bei Nacht überquert und zu Tode erschrickt, als er die Wahrheit erfährt, so erschrickt auch der Mensch, der das dünne Eis dieser Gewässer betritt. Für ein Leiden lassen sich leicht Namen finden; sein Wesen zu erfassen, ist schwer. Ich möchte es aber, und schon das ist wahrscheinlich das eigentliche Leben.

Ich wünsche mir Lieder, in denen für den Zuhörer mehr »Empfang« möglich wird, als ich beim Schreiben »sendend« hineinbringen kann. Was ich an Liedern schreibe, möge auch mir etwas sagen, was ich, bevor ich schrieb, nicht von mir wußte. Ich bin, wenn ich schreibe und komponiere, nicht Herr des Verfahrens. Auch ist es nicht nötig, in einem flachen Sinne glücklich zu sein. Glücklichsein und Unglücklichsein sind touristische Zustände, die man geduldig und gelassen passieren muß.

Wir sind jetzt seit einigen Wochen im Studio und alle der festen Überzeugung, daß sich die lange Zeit des Wartens gelohnt hat.

10. Juni 2001

Das gestrige Konzert mit Hanns Dieter Hüsch in Saarbrücken zählt zu den schönsten und bewegendsten Momenten meiner künstlerischen Laufbahn. Mit ihm zusammen seinen Abschied von der Bühne feiern zu dürfen, war für mich eine große Ehre. Als nach seinem »Phänomen« der Beifall einige Minuten der Beklommenheit, ja der Fassungslosigkeit auf sich warten ließ, erinnerte mich das an einen Ausspruch des großen Pablo Casals: »Nicht der Beifall, sondern die Stille ehrt den Künstler.«

Und da man zur Zeit anscheinend unbedingt auf irgend etwas Deutsches stolz sein »muß« – ich bin auf etwas stolz, das sich diesen modernen, modischen konjunkturellen Aufwallungen von Nationalgesinnung entzieht: Ich bin stolz darauf, ein Freund dieses großartigen, weisen Poeten vom Niederrhein zu sein. Ein Prediger der Gelassenheit, der immer wieder zeigt, wie sich Humor auf Humanität reimt: als gütige Selbstironie. Kabarett ist für ihn »das Wort für Kirche ohne Kanzeln«, und ohne all seine Ironie und Verfremdungskünste erzählt er immer wieder, wie wichtig das Zuhören ist, wie ein Mensch, dem zugehört wird, aufatmet, aufblüht.

»... Nur wenn wir eins sind überall,
Dann gibt es keinen neuen Fall
Von Auschwitz bis nach Buchenwald,
Und wer´s nicht spürt, der merkt es bald.
Nur wenn wir in uns alle sehn,
Besiegen wir das Phänomen.
Nur wenn wir in uns alle sind,
Fliegt keine Asche mehr im Wind.«
(Hanns Dieter Hüsch)

8. Juni 2001

Die Reichen nerven. Nicht nur wegen ihres Reichtums. Sie nerven vor allem, weil sie sich darauf etwas einbilden. Weil sie stolz darauf sind, reich zu sein. Reicher als andere. Und weil nun mal nichts so sehr vom menschlichen, vom eigenen Wesen entfernt wie Reichtum, sind die Reichen immer darauf bedacht, bestätigt zu werden. Die alles haben, kranken am Defizit. Wissen sie noch, was ein Traum ist?

Wenn irgendwo ein Dissident verhaftet wird, läuft die Nachrichtenmaschine heiß, wenn in den Großstädten Südamerikas die Straßenkinder, die kein Zuhause haben und auf der Straße vegetieren, von bezahlten Mördern erschossen werden, damit sich keine bettelnde Hand dem Touristen entgegen streckt, dann schweigen die Nachrichtensender, und die Verantwortlichen spielen weiterhin Tennis mit goldenen Bällen.

Wir sprechen immer nur von Staat, nicht von Staatsgestaltung. Und wo bleibt die Frage nach dem Staatsverfall, der ein Kulturverfall ist? Schon Meister Eckhart kannte die Gesellschaft als eine, die nur mangelhaft sittlich sein konnte, weil sie vorrangig auf Besitz angelegt war: »Sie lebt nach dem Fleische und nur selten nach dem Geiste«. Er sprach in seinen Predigten von den Armen, »sie müssen das bloße Brot suchen in Regen und Schnee, in großer Kälte von Haus zu Haus.« Heute sind es die Obdachlosen, die in unserem Land nach Unterkunft, Arbeit und Brot schreien. Laß die Stimme in dir handeln!, rief Eckhart den Gläubigen zu. In seinen Augen konnte niemand gut sein ohne Güte, gerecht ohne Gerechtigkeit, weise ohne Weisheit. Er war immer auf der Suche nach der Vollkommenheit des Menschen, doch der Weg dahin ist ohne Gerechtigkeit nicht denkbar.

In Wahrheit kann man auf nichts weniger stolz sein als auf Reichtum. Man kann stolz darauf sein, gute Brötchen zu backen, wie meine Lieblingsbäckerinnen aus der Hesseloherstraße. Man kann stolz darauf sein, zwei widerspenstige Kinder großzuziehen, indem man sie weniger erzieht, aber dafür mehr liebt, und meinetwegen kann man auch stolz auf den Mut sein, sich vom Zehn-Meter-Brett im Michaelibad herunterzuhechten. Aber man kann bestimmt nicht stolz darauf sein, Geld zusammengerafft zu haben. Denn jeder, der reich ist, hat sich an irgend jemandem bereichert, hat irgend jemanden beschissen und hat sich in irgend einer Form an der Natur vergangen. Jeder Konzern, der, stolz auf die eigene Kraft, seine Börsenkurse in die Höhe trieb, hat Teil am Elend und an der Verschmutzung unserer Erde. Reichtum ist obszön. Einzig Lotto-Millionäre oder Erben können mit (einigermaßen!) ruhigem Gewissen auf ihren Reichtum blicken. Aber erst wenn sie ihr Geld verschleudern, beginnen sie mir sympathisch zu werden. Wenn sie es zu vermehren versuchen, kriegen sie harte Kinnladen und einen steifen Nacken und verschwenden im Grunde nicht ihr ohnehin nutzloses Geld, sondern ihr Leben. Dann packt sie nämlich mit großer Wahrscheinlichkeit die Habgier, und sie bezahlen den höchsten und beschämendsten aller Preis ihres Reichtums: Sie werden gesellschaftlich tauglich. Jetzt sind sie, auf dem Weg ein Stückchen nach oben, sehr tief gesunken. Reichtum macht arm.

EIN KONZERT ANHÖREN – UND DANN BEIM CHEF KÜNDIGEN!

Ein Zettelkasten. Äußerungen 1978 bis 2001

Mein Luftkoffer, mein politisches Gepäck
enthält Erinnerungen und Erwartungen,
unkontrolliert und subversiv, schwer zu tragen,
aber die Schritte treibend.

Volker Braun

Das Wesen der Kunst ist es, daß ich nachdenklich werde – über mich. (1978)

Man hat doch als einzigen Erziehungsauftrag, seine Kinder nicht hart zu machen für die harte Welt, wie so viele es tun wollen. Auch nicht, ihnen wahnsinnig viel Geld zu hinterlassen, sondern die seelische Entwicklung zu fördern und liebevoll zu unterstützen. Anstand und ein Glauben an das Ideelle – das ist das wichtigste Gut, das mir schon meine Eltern mitgegeben haben. Ich wollte als Kind wissen, ob wir unseren Hund für eine Million Mark verkaufen würden, weil wir so wenig Geld hatten. Meine Mutter sagte damals: »Eine Idee verkauft man nicht.« Wir waren arm, aber wir haben nie eine Idee verkauft. (1998)

Man geht auf die Bühne mit einer Art Auftrag: Es ist der Auftrag, ehrlich zu bleiben, Ehrlichkeit und ein bißchen Mut zu verbreiten. Ab und zu gibt's auch schöne Erlebnisse. Einmal etwa war nach einem Auftritt ein Mädchen bei mir hinter der Bühne und sagte: »Jetzt war ich zum vierten Mal in einem Konzert von dir – und daraufhin habe ich meinem Chef gekündigt!« Diese Dinge sind es, die unsereiner wirklich erreichen kann. (1978)

Ich habe als Kind schon immer gerne heiße Herdplatten angefaßt, mich auch überschätzt. Ich erinnre mich, wie ich im Meer schwamm und von der Ebbe hinausgezogen wurde. Ich wäre lieber ertrunken, als um Hilfe zu rufen. (1995)

Ich verlange von mir das Akzeptieren des Chaos, so wie der Asiate das kann. Der hat keine Angst vor dem Chaos. (1979)

Macht hat etwas mit Machen zu tun, es ist nicht etwas, das von innen heraus kommt, sondern vielmehr ein Gebäude, das man um sich herum aufbaut, um damit einen Zweck zu verfolgen, nämlich den Zweck, sich zu bestätigen und bestätigen zu lassen. Einer der größten »Selbstbestätiger« war Hitler, er hat ein paar Millionen Tote gebraucht, um die Bestätigung zu finden, daß er existiert. (1982)

In dieser Gesellschaft sollte man permanent aufbrüllen: Laßt uns leiden, wir wollen keine Versicherungen mehr! Wir wollen nicht lauter Leute, die uns davor bewahren, daß wir ja keinen Fehler machen. Wir wollen keine Leute, die uns mit ihren Parteien versprechen, daß wir endlos glücklich werden, denn es funktioniert sowieso nicht, weil das Schicksal uns irgendwann eins in die Fresse hauen wird, egal ob kollektiv oder individuell. Das Schicksal läßt sich nicht austricksen. Du kannst dich nicht gegen dein eigenes Schicksal versichern. (1986)

Ich weiß nicht, ob uns das vereinte Europa nützen wird. Wirtschaftlich bin ich ein sehr naiver Mensch, deshalb kann ich über die materiellen Vorteile nichts sagen. Aber ich bin ein großer Freund des europäischen Gedankens. Wenn man erkennt, daß staatliche Zersplitterung nur Kriege und Ärger bringt, kann das »vereinte Europa« doch nur gut sein. Es kann auch nur von Vorteil sein, daß der sogenannte Nationalstolz zugunsten eines europäischen Gedankens eliminiert wird. Vor allem auch kulturell. Das ist ein Gedanke, der schon lange in mir wühlt – ein vereintes Europa wäre eine Chance, dem amerikanischen Kulturdiktat etwas entgegenzusetzen, eben die europäische Kultur. (1998)

In unsere Gesellschaft muß man sich bewußt entscheiden: Spielt man mit bei dem Spiel, das da heißt: Lügen und Betrügen? Im Geschäftsleben brauchst du einen sehr einzigen, sehr besonderen Beruf, um nicht lügen zu müssen. Es gibt ein paar Berufe, es gibt auch ein paar Firmen, die so grundehrlich angelegt sind, daß du nicht betrügen mußt. Normalerweise aber mußt du, wenn du heute irgendwo angestellt wirst, als erstes deinen Chef anschleimen, mußt mit deinem Chef zusammen Betrugsaktionen starten, mußt lügen. Die Lüge ist ein Grundsatz unserer Gesellschaft. Wenn der Künstler das auch noch tut, dann haben wir überhaupt keinen Rettungsanker mehr. (1999)

Man wird dann zum schrägen Kopf, wenn einen die Gesellschaft in die Schräglage befördert? Ich denke, daß mein Kopf gar nicht immer so schräg lag, sondern daß er streckenweise sehr aufrecht aufs Leben schaute – und sich vielleicht eher die Gesellschaft in Schräglage befand. (1996)

Ich verstehe mich als Anwalt des Individuums, als einer, der die Ecken und Kanten des Individuums bewahrt, der den ungeschliffenen Menschen verteidigt. (1987)

Mir fehlt jedes dogmatische Verlangen danach, daß mein Publikum meine Moral annimmt und sich von meinen Ideen womöglich manipulieren läßt. (1987)

Ich glaube, daß man mit einer gewissen Schizophrenie leben muß. Wir sind alle in einer gewissen Weise schizophren. Die erste Gespaltenheit beginnt schon damit, daß ich hier in einer Gesellschaft lebe, deren Regeln ich nicht in allem akzeptiere, mit der ich aber trotzdem klarkommen muß. Auf der anderen Seite bin ich ein glühender Utopist und lebe total in meiner sehr eigenen Wirklichkeit. Ich schwanke dauernd zwischen Wirklichkeiten. Das Leben in der eigenen Wirklichkeit und das Klarkommen mit der Wirklichkeit der anderen, das allein ist schon ein schizophrener Balanceakt. Denn die anderen haben ja auch wieder ihre subjektiv eigene Wirklichkeit, die Recht hat. (1989)

Im Endeffekt ist das, was sich in mir reimt, immer klüger als ich selbst. (1994)

Es ist wichtig, daß man als Individuum ab und zu mal durch die Hölle geht und das auch bewußt tut, auch durch die Hölle der anderen. Denn nur dann, wenn man einmal ganz unten ist, wenn man erlebt, wie man plötzlich (ja, sehr plötzlich!) von allem und sehr vielen verlassen ist, von seinen Gewohnheiten verlassen, weil es nicht mehr so funktioniert, wie man sich das weiterhin so gern zurechtkontrolliert hätte – erst dann ist man bereit, sich außerhalb seines eigenen Denksystems zu stellen und ganz neue Einflüsse auf einen zukommen zu lassen. (1999)

Mir selbst gegenüber hatte ich immer ganz strenge Moralvorstellungen, auch wenn das überhaupt nicht so aussieht. Klingt paradox: Aber die muß man haben, wenn man so unmoralisch lebt wie ich. Es gibt ein paar Prinzipien, die mein ganzes Leben durchlaufen: Es mit der Wahrheit, Freunden und auch der Öffentlichkeit gegenüber ernst zu nehmen, wahrhaftig zu bleiben in dem, was ich schreibe, was ich künstlerisch mache. Ich hätte eher meinen Körper verkauft, als daß ich eine einzige Textzeile von mir verkauft, verraten hätte. Aber natürlich hat man immer gewisse Probleme mit dem Gewissen. Wenn man sich auf keine Gesetzestafeln – auf keine moralischen Institutionen wie Staat oder Kirche – verlassen kann, dann muß man ja immer aus dem Inneren heraus zu entdecken versuchen, was richtig, was falsch ist – und dies jeden Tag aufs Neue. Dann hadert man: Darf ich, darf ich nicht? Und tut es schließlich, bevor man sich überhaupt diese Frage stellt. (1997)

Hier wird doch immer noch Kunst mit »gut gemeint« verwechselt. Wenn man nur genügend »engagiert« ist, wird man oft schon als Künstler akzeptiert. Dann kann jemand so viel dilettantische Scheiße verzapfen, wie er nur zusammenbringt. Ich denke nicht daran, mich für irgendwelche Gruppen zu engagieren, die ihre Parolen künstlerisch gestaltet bei mir bestellen wollen! (1988)

Ich habe eine krankhafte Vorliebe für geniale Vorbilder, die einen lähmen können. Ich liebe Puccini über alles. Nun komme ich also an einer »Tosca« oder »Turandot« nicht nur nicht vorbei, ich kann so etwas nie erreichen, und das kann mich wahnsinnig fertigmachen. Du schreibst irgendwas und bist ganz stolz, aber anschließend hörst du dir eben die »Tosca« an und bist als Komponist natürlich für eine gewisse Zeit erledigt. Das kann gefährlich werden, sich gar zu große Vorbilder heranzunehmen. Etwa wie Gottfried Benn schreiben zu wollen. Gottfried Benn ist mein lyrischer Gott. Zwischen der Lähmung und den Erfolgserlebnissen schwanke ich immer hin und her, und vielleicht habe ich aus diesem Wechselbad heraus einen eigenen Stil entwickelt. (1989)

Ich würde mir wünschen, daß sich mehr, auch junge Leute fänden, die dem täglichen Gedudel etwas entgegensetzen. Ich sage nicht: abschalten. Nein, wir müssen etwas entgegensetzen, ganze Sätze sprechen, Gedichte lesen, leise Dinge tun. (1996)

Ich bin glühender Anarchist, und ich sage: Der Mensch ist gut! Er hat alle Fähigkeiten und Veranlagungen zum Menschlichsein, mit aller Ethik in sich. Aber in dem Moment, in dem man ihm den Glauben daran nimmt, wird er natürlich zur Klapperschlange. (1982)

Natürlich ist die Gefahr dabei, daß man, wenn man mal in die Suche nach der Wahrheit hineingeschmeckt hat, sich nicht mehr so leicht ablenken kann. Es ist nicht mehr so leicht für mich zu sagen, ich mach' mir jetzt einfach ein wunderbares Wochenende beim Surfen oder Skifahren mit meinen Freunden, ein bißchen Saufen usw. und dabei vergesse ich alles. Das kann ich nicht mehr. Ich glaube, wenn man beginnt, sich zu öffnen, dann kann man sich nicht mehr zurückstufen. Der Schleier des Vergessens ist nicht mehr so leicht anzulegen. Vielleicht ahnen das viele Menschen und fangen deshalb gar nicht erst damit an. (2001)

Sünde kommt von dem hebräischen Wort »Charad«, das heißt Zielverfehlung – wie beim Bogenschießen. Das gefällt mir sehr viel besser als die moralischen Kategorien der Kirche. Es bedeutet, ich habe ein Ziel, mich in diesem Leben zu entwickeln gemäß dem, was ich kann. (1996)

Ich glaube nicht, daß man sich einer Verantwortung entziehen und seinen vorgeschriebenen Weg abkürzen kann. Die Sufis sagen: »Du begegnest deinem Schicksal meistens auf dem Weg, auf dem du ihm zu entweichen suchst.« Das könnte der Kernsatz meines heutigen Denkens sein. Ich glaube, man kann nichts, gar nichts von sich abwälzen. Es holt einen immer wieder ein. Wir müssen lernen, daß das Leben nicht dauernd Vergnügen, Ablenkung, Spaß ist, sondern Pflicht: Pflicht, zu leben und aus seinem Leben etwas zu machen. Das Leben ist gar nicht immer so angenehm. Erst wer das erkannt hat, kann zu einem Glück vordringen. Glück heißt, nicht vor seiner Aufgabe geflohen zu sein. Aufgabe ist übrigens ein schönes Wort: Man muß etwas anderes aufgeben, wenn man etwas als seine Aufgabe erkannt hat. (1999)

Was ich niemandem mitteile, habe ich nicht. Ich trage alles nach außen. (1989)

Seit Jahrhunderten haben wir den Descartes-Wahn, alles rational erklären zu müssen und zu können, alles meßbar machen zu müssen und zu können. Andererseits aber leben wir Mensch doch auch von Bildern, von Archetypen. Dort, wo wir Einblicke in tiefere Welten haben, können wir nur von Bildern leben. Die gesamte Ebene des Seins, die nur mit und in Bildern beschrieben werden kann, hat überhaupt nichts Rationales an sich. (1999)

Jede Sekunde, in der wir leben, werden wir von Vergangenheit und Zukunft terrorisiert. Die Gegenwart ist ein ganz schmaler Grat. Du wirst ständig von Sorgen um die Zukunft begleitet oder vielleicht auch von einer – irrealen – Vorfreude. Und auch die Vergangenheit liefert unaufhörlich Sorge oder bestenfalls Vorfreude. In der Gegenwart zu sein, wäre die höchste Kunst! Die Kunst der Heiligen! In der Gegenwart leben zu können, hieße eigentlich schon, außerhalb der Zeit zu sein, im Zustand einer gewissen Erleuchtung. Und da wir nie in der Gegenwart leben, könnte man fast sagen: Wir existieren überhaupt nicht. Menschen, die immer nur in ihren Plänen existieren, in ihren Vorstellungen von der Zukunft – die gibt es doch gar nicht richtig. Wir sagen ja zu Recht: Es hat einer Präsenz. Das ist einer, der wirklich hier und jetzt da ist, im Augenblick; einer, der greifbar ist. Wir kennen den Moment, ganz in der Gegenwart zu sein, vom Liebemachen, von diesen paar – ja, Sekunden, muß man schon fast sagen. Wenn man Glück hat, sind es auch mal Stunden. Ich kenne es auch von bestimmten Momenten auf der Bühne, heiligen Momenten, da bin ich ganz in der Gegenwart. Im kreativen Prozeß ist man's auch, wo dann alles andere wegtaucht. (1998)

Vielleicht sind wir beim Thema Eigenverantwortung auch beim Unterschied von Ethik und Moral. Ethik ist für mich immer etwas gewesen, das ich für mich selbst empfinde, was ich aus mir heraus entwickle. Moral hingegen ist etwas, das mit Gesetzen zu tun hat, die an mich herangetragen werden. (1997)

Man kann in unserer Gesellschaft über alles, man kann vor allem übers Geldverdienen sehr locker reden. Man kann auch hemmungslos darüber reden, wie man andere beschissen hat. Es ist schon eine erstaunliche Situation, die wir haben. Ich kann problemlos in einer Kneipe erzählen, daß ich jemanden kräftig übers Ohr gehauen habe und der einfach zu blöd war, um zu kapieren, daß er 30 000 Mark verloren hat. Dafür wird man beim dritten Pils bejubelt. Aber wenn ich sage, daß ich am Morgen bete, daß ich meditiere, dann ruft das in bestimmten gesellschaftlichen Kreisen nicht nur ein Achselzucken und Augenbrauenhochheben hervor, sondern manchmal sogar richtige Anfeindungen und Haß. (2001)

Glück hat nichts zu tun mit irgendwelchen Erlebnissen, mit irgendeinem Gegensatz zu etwas. Es hat damit zu tun, wie ich mich im Jetzt zurechtfinde, wie ich das Leben akzeptiere, wie ich das akzeptiere, was auf mich zukommt. Wie ruhe ich in mir selbst. Und wenn ich in mir selbst ruhe, dann beginne ich vielleicht einen glückseligen Zustand zu erahnen, der vermutlich nur bei wirklich erleuchteten Menschen möglich ist, aber ab und zu haben wir ja alle leicht Erleuchtungsmomente, nicht wahr? (2000)

Natürlich hat man mit vierundfünfzig Jahren eine andere Wut als ein Zwanzigjähriger. Mehr auf dem Boden der Tatsachen. Ich bin ja auch in ein materielles Loch gefallen. Ich weiß, was es heißt, für mein Geld zu arbeiten. Auch Sorgen zu haben: Wie kommt man über den nächsten Monat? Darf man krank werden? Das hat bestimmt auch dazu geführt, daß ich mich wieder den ganz konkreten politischen Themen widme. (2001)

Ich war einmal zwei Wochen im Kloster Andechs, dort wollte ich von der Mystik, von der katholischen Mystik, von der lebendigen oder gelebten Mystik, die noch spürbar ist, etwas mitbekommen. Das ist ja möglich in den Klöstern, ich habe die gesamten Gebetszeiten mitgemacht und mir übrigens einiges davon auch für mich privat bewahrt. Dann habe ich mit dem Prior gesprochen. Ich habe gesagt, Sie beten seit vierzig Jahren den ganzen Tag ... und das muß man jetzt vielleicht erst mal erklären für jemanden, der das nicht weiß: Es ist schon sehr bewundernswert, was die Klosterbrüder dort machen. Sie beten, dann arbeiten sie, dann beten sie mittags wieder, dann arbeiten sie wieder, meistens in sozialen Diensten, und am Abend beten sie wieder. Es ist nicht so, daß sie einfach nur beten und weltflüchtig sind. Sie sind schon sehr wohl in der Welt und versuchen, durch Psalmenlesen und Psalmensingen sich auch auf eine innere Welt einzustimmen. Und ich sage also zum Prior: Sie beten seit vierzig Jahren, sind Sie Gott näher? Sagt er: Nein, das glaube ich bestimmt nicht. Aber es gibt immer mehr Momente, in denen der Zweifel weniger wird. Und das ist doch sehr schön und sehr viel. Und so habe auch ich in meinem Leben ein paar Momente erlebt, in denen ich, für kurze Zeit, keinen Zweifel hatte. Der Mystiker will ja immer, daß Gott antwortet. Wir alle wissen, daß er natürlich nicht mit der Donnerstimme antwortet, selbst im Dornbusch nicht – dieses Gotteserlebnis soll uns sprachlich klargemacht werden, aber Gott spricht natürlich nicht. Aber irgendwie kann man spüren, daß da etwas außer der Zeit da ist, manchmal. Ich habe nichts am Hut mit dem Gottesbild der theologischen Volkshochschule, weiß Gott nicht, wenn man das mal so sagen darf. Aber wenn man dieses andere Gotteserlebnis irgendwann einmal gehabt hat, dann behält man eine Sehnsucht danach, dann richtet sich das ganze Leben anders aus. Das ist nun mal so. Und man muß sich dafür auch ein bißchen auslachen lassen, ich ertrage das. (2001)

Man muß im Leben dauernd sterben, um wieder zu werden. (1982)

Man muß sein Kind lieben und gewaltfrei aufwachsen lassen. Aber ich muß ihm nicht beibringen, wie man sich durchsetzt. Es soll lernen, wie man träumt, was Idealismus ist. Daß die Welt schrecklich ist, lernt es früh genug. Wenn mein Sohn kein reicher Mann wird, ist mir das recht. Wer gesellschaftlich untauglich ist, geht noch lange nicht den falschen Weg. Dann soll er halt ein Träumer sein und wissen, was er in sich trägt: die Sehnsucht und eine gewisse Naivität. Denn Naivität ist notwendig, um diese Welt zu überstehen. (1999)

Ich denke nicht, daß ich in die Kunstgeschichte eingehen werde. Aber im Hier und Jetzt bin ich kulturell präsent. Es gibt mich, und es wäre schade, wenn's mich nicht geben würde. (1993)

NICHT SCHON FEIGE SEIN, BEVOR ES NÖTIG IST!

Rede Konstantin Weckers zur Verleihung
des Kurt-Tucholsky-Preises für literarische Publizistik
im Deutschen Theater Berlin am 22. Oktober 1995

Haß muß produktiv machen.
Sonst ist es gleich gescheiter, zu lieben.

Karl Kraus

Sehr verehrte Damen und Herren,

als ich von einem nächtlichen Fax, das üblicherweise nichts Gutes verspricht, von der Entscheidung der Jury, mir den Kurt Tucholsky-Preis zu verleihen, überrascht wurde, empfand ich sofort eine tiefe Befriedigung. Ich zweifelte keine Sekunde daran, daß die Juroren die einzig richtige Wahl getroffen hatten, und ich war gleichzeitig von tiefer Dankbarkeit erfüllt darüber, daß sie meiner geistigen Verwandtschaft zu Tucholsky auch öffentlich Anerkennung zollten. Noch deutlicher gesagt: Liebe Jurymitglieder, lieber Volker Kühn, lieber Michael Hepp, ich hab mich einfach furchtbar gefreut.

Viele derer, die mir seit der Bekanntgabe bis heute fast täglich gratulieren, freuen sich mit mir darüber, daß ich nun auch denen im Magen liege, die mir bislang so gerne den Zugang zu einem ominösen Großkünstlertum verwehrten. Nicht weil ich dort angeklopft hätte, sondern weil sie glaubten, mich in der Kleinkünstlerei ins Bedeutungslose loben zu können. Ach, du lieber Kurt, wie gut kennst du das noch aus deiner Zeit, dieses Spalten ins Hehre und Profane, ins Allerheiligste und ins Menschliche, ins Entrückte und ins Triebhafte, als gäbe es ein Auseinander, wo doch die Kunst das Miteinander all dieser Kräfte im Erleben und Erleiden ihres Dieners fordert.

Und doch sind all jene zur traurigen Legion geworden, die uns schmallippig einzutrichtern versuchen, Erkennen sei getrennt vom Erleben, und Verzaubern sei getrennt vom Verfluchtsein, oder jene, die den Dichtern gerne folgen würden und ihren Worten gerne einen Teil von einem Leben abtrotzen würden, das zu erleiden sie meist nicht geschaffen sind, aber das immer und unweigerlich in einer Ganzheit zu jenem geheimen Wort gehört, vor dem das ganze verkehrte Wesen fortfliegt.

Und was hat jetzt, bitte, Tucholsky mit Novalis zu tun, und was mischt sich der Wecker ein? Ich glaube, wer dem Kurt Tucholsky die Spiritualität abspricht und ihn nur in das Schwarz-Weiß einer politischen Beschränktheit verbannt, der geht an dem tiefen Wesen und zugleich an dem Phänomen seiner unglaublichen Anziehungskraft vorbei. Es bringt mich stets wieder neu zum Schmunzeln, wenn man versucht, all den großen Toten, deren Genie den einen oder anderen anscheinend immer noch so sehr aus der Ruhe bringt, genau da ans Bein zu pinkeln, wo man sich gerade mal wieder ideologisch und moralisch überlegen glaubt. Und selbst wenn fundamentalistische Feministinnen aus Mangel an aktuellen Stoffen leichenfleddernd Tucholskys Beziehungen zu den Frauen ausweiden, so können sie diese nicht schmälern. Die Frauen liebten ihn, den dicken Mann, den Dichter, und ich kenne auch heute noch einige, die mit Begeisterung mit ihm in der Abendstunde still nach ihren Mäusen gehen würden.

Auch meine Gegner verstanden es immer meisterhaft, mein Klavierspiel und die Kraft meines Gesanges zu loben, aber darüber hinaus sofort irgendwo angelesenes oder ihnen gerüchteweise angetragenes Halbwissen um meine lasterhafte Lebensführung ins Feld zu führen – mit dem Ziel, mich in all meinen Aussagen unglaubwürdig erscheinen zu lassen.

Was treibt einen Autor eigentlich dazu, so wie Tucholsky – und hier möchte ich mich ihm blutsverwandt an die Seite stellen – jedes auch nur annähernd gemachte Bett gleich wieder zu verlassen und jedem Lager, wenn es zur Heimstatt zu werden droht, gleich wieder skeptisch den Rücken zu kehren, jedem Gedanken, der das Spielerische verläßt und zur Lehre zu werden droht, gleich wieder zu mißtrauen – um dann doch oft in einsamen Stunden an dieser Heimatlosigkeit zu verzweifeln. Was ist das für ein fernbestimmtes »Du mußt«, das plötzlich

einen Benn mit einem Tucholsky und einen Morgenstern mit einem Hölderlin und einen Mörike mit einem Wecker auf diese gemeinsame Reise schickt, an deren Ende – bejubelt und verspottet, verehrt und für verrückt erklärt – nichts erhellt ist, was nicht schon von anderen erhellt wurde, nichts erspart bleibt, was man sich gerne gespart hätte, kaum einer am Grab steht von denen, deren Leben sie so unsäglich bereichert haben. Weil sie etwas aus jenen Welten zu vermitteln verstanden, die zu berühren unser einziges Ziel sein sollte und die zu versäumen ganz sicher unser Verderben ist. Lohn gibt es keinen für einen Weg, dem man ohne Wenn und Aber folgen muß, weil es der einzige und eigene ist. Warum auch Lohn, wenn man doch ständig dankbar sein muß, beschenkt worden zu sein mit der großen Gabe, jenen Tönen, die die Welt betreuen und mit denen das Leben schwingt, auch in den Pausen zu lauschen, wo sie sich erst so recht entfalten können.
Manchmal wird einem die Hinwendung Tucholsky zu religiösen Fragen, gegen Ende seines Lebens, als launische Schwäche eines kranken Mannes und frustrierten Satirikers angetragen – bitte begehen Sie nicht die Dummheit, etwas zu tun, was Tucholsky sich nie und nimmer gestattet hätte: Die Teile seines Lebens und Werkes, die man nicht versteht, nur deshalb klein zu machen, weil man vielleicht noch nicht die Größe hat, sie zu verstehen. Diese Seite seines Wesens zu vernachlässigen, ja, so zu tun, als existiere sie nicht, heißt, Tucholsky um das Wesentliche seines Werkes zu berauben.

Gehört wird auch der Spötter nur, wenn er ein Liebender ist, vielleicht oft ein verzweifelt Liebender, aber einer, der immer eintritt ins Leben und damit für das Leben, und der manchmal auch, wie Kurt Tucholsky, austritt aus dem Leben und – gestatten Sie mir ein Zitat aus einem Lied – sich das Leben nimmt, um es nie mehr zu verlieren.

Was macht den Großteil der heutigen Literatur oft so beliebig und bedingt? Warum ist sie nicht unbedingt, beachtet, besprochen – und kaum geliebt? Warum brauchten wir – und ich bis heute – Miller und Hesse zum Über- und Weiterleben, und warum reicht es bei den meisten zeitgenössischen Autoren und Autorinnen nur zum Schmunzeln und sentimentalen Verweilen? Diese Literatur ist nicht notwendig, sie wendet deine Not nicht, wie sie dich nicht im Innersten trifft. Sie zwingt dich nicht, dir selber so tief in die Augen zu blicken, daß dir das leichtsinnige, leichtfertige, leicht fertige Flirten mit dir selber vergeht. Sie will angesehen sein, anstatt genau anzuschauen. Sie beschreibt die Welt von außen, anstatt zu suchen, was diese Welt im Innersten einer seelischen Landschaft zusammenhält. Ebenso wie der neue deutsche Fröhlich-Film, dem nur noch Grundsatzerklärungen an diversen Kriegsschauplätzen einer gefühlig kuscheligen Wohngemeinschaftsidylle am Herzen liegen: Kolonien der Liebe, aber wer wagt es schon, diese Kolonien in die Freiheit zu entlassen, uferlos, und sich selbst dort anzusiedeln? Ahnend, daß die Liebe nicht einzuengen ist in Partnerschaften, Ehegemeinschaften, Bordellbesuche und Muttertag.

Aber wer gibt heute schon gerne ein bejubeltes, festverkantetes Gefüge für eine Ahnung auf? Man fühlt sich zur Zeit eben wohl im literarischen Hansmeisertum, wobei diesen Kollegen zumeist nicht das Talent abzusprechen ist, sondern, wie ich vermute, sie nur der deutsche Wahn verbildet, nichts preiszugeben, was eine Seele, was deren Risse vermuten lassen könnten. Nur ja nicht rühren an dem Göttlichen, weil es einem das eigene Gottsein im Endeffekt verleiden könnte. Böll war anscheinend der einzige, der mit seinem festen Glauben den Spöttern noch Wind aus den Segeln nehmen konnte, und ich kann mir beim besten Willen nicht vorstellen, wie ein Künstler, um das Geschenk seiner Talente wissend, nicht eine tiefe

Religiosität empfinden muß. Warum lese ich so wenig von dieser Auseinandersetzung mit sich und dem Weltgeist, die doch wohl alle anderen Themen in ihren Dienst nehmen müßte? Ist es am Ende doch der Mangel an Talent und deshalb auch an Mut, sich notfalls prügeln zu lassen, selbst für ein Produkt, mit dem man sich, im Nachhinein gesehen, verrannt hat? Man will immer nachdenken, bevor man etwas getan hat. Warum vertrauen wir nicht den Worten, die uns nicht zur Verfügung stehen, die wir nicht finden, nein, die uns finden und erklären? Wer vorher nachdenkt, kann kein Nachdenker sein und deswegen auch kein Vordenker. Als ich in einem Seminar an der Wiener Filmhochschule die Frage stellte, warum die jungen Leute Filme machen wollten und Drehbücher und Gedichte schrieben, antwortete mir von dreißig einer: »Was für eine Frage, weil ich muß«. Sehen Sie, meine Damen und Herren, von diesem »müssen« stammt die Kunst. Aus diesem »müssen« heraus erlebt sich der Künstler.

In der letzten Zeit fiel mir auf, daß eine neue Diktion durch die ebenfalls neue Sprache – oder soll ich sagen Sprachlosigkeit – der Rundfunkmoderatoren in den Äther geprügelt wird. Man betont triviale Sätze wie Schillersche Verse, so, als würde man den Mangel an Gedankengut, Stil und Grammatik wenigstens nach außen hin und mit der leidenschaftlichen Emphase aufwiegen wollen, ohne sich aber im geringsten deren Forderung zu stellen. Virtuelles Leben, ein bißchen bei den Fixern sitzen an der Beuge des Flusses, ein bißchen Gruseln, ein bißchen Frieden – und dann gleich wieder diejenigen moralisch verteufeln, von denen wir doch gerade noch einen Schuß Heldentum aufsaugen wollten.

Unserer Literatur, die sich oft modern fühlt, weil sie Ausdrücke verwendet, die heute schon einem Vierjährigen nicht mehr unflätig genug erscheinen, die immer noch modern sein will durch vordringlich modernistische Formen und Stilmittel, da es gebricht an Abenteuerlust und Wagemut, alle Landschaften der Phantasie zu erobern – dieser unserer deutschen Nachkriegsliteratur fehlen, und das fällt einem von Jahr zu Jahr schmerzlicher auf, die Juden so sehr – mit ihrem Humor, mit ihrer Lust am Empfinden, mit ihrer unbeirrbaren Sinn- und Wahrheitssuche. Wir sollten keine Rücksicht mehr nehmen auf jene Damen und Herren, die stets versuchen, uns einzureden, daß wir ihrer oft ausgetrockneten Bewertung der Menschen – wider alle Lust und alles Leben, wider alles Lachen, wider alles Werk, wider allen Wandel, wider alles Wollen – so folgen sollten, als wären wir Lohnschreiber einer Werbeagentur, die der Doppelmoral eines permanent sexuell unbefriedigten Volkes mit ein paar artigen Geschichten den rechten Anstrich verleihen will.

Ich habe vor fünfzehn Jahren geschrieben: »Von allen meinen Lieben ist mir nur eine treu geblieben – der Selbstbetrug«, und wer hilft uns, ihn aufzudecken, wenn nicht der mutige, sich selbst immer wieder aufs Spiel setzende Künstler? Gottfried Benn schrieb einmal: »Der Untergang des Abendlandes bedingt sich zuerst einmal aus dem hündischen Knien seiner Intelligen vor dem zoon politicon«. Das, meine Damen und Herren, ist doch schon lange die eigentliche Gretchenfrage. Und was tun Sie für die Umwelt? Wohin spenden Sie? Also, meine Damen und Herren, wenn Sie mich fragen, aber Sie fragen mich ja nicht, oder fragen Sie mich? Ich denke, ich werde den schönen Batzen Geld, den ich heute hoffentlich mit nach Hause nehmen darf, einfach für mich verwenden. Ich werde das Geld vielleicht gleich ausgeben, ja, ich werde es gleich ausgeben, damit ich es nicht spende. Mich haben schon so viele Leute gefragt, wohin ich das Geld spenden werde, daß ich es schon aus Trotz gar nicht mehr spenden kann. Ich glaube nicht, daß mir jemand beim Ausgeben hilft, bekanntermaßen helfen die meisten beim Spenden. Oder verwechsle ich da was? Alle die, die mich immer so eindringlich und mit diesem Ich-rette-die-Welt-und-was-tust-du?-Gesicht extrem humorfrei ums Benefizen angehen, müßten mir jetzt doch mal das Spenden abnehmen oder wenigstens dabei helfen. Aber ich spende ja nicht.

Ich finde es wunderbar, daß zum ersten Mal einer für mich benefizt hat. Na, Kurt, was fangen wir an, kaufen wir uns Drogen, das würd' sie ganz schön schocken, oder verprassen wir's heut nacht mit Weibern? Nein, wir fördern vielleicht einen Wecker-Preis. Nein, bloß nicht aufheben das Geld. Man sollte sich nicht so reinschauen lasen in sein Gutsein; je besser wir uns fühlen, desto schlechter geht's den anderen. Ich weiß, es ist verpönt, das Sich-klein-Machen. Wie Mörike so schön schreibt: »Wie muß ich mich noch erniedrigen, um die Menschen kennen zu lernen.«

Ein 17-jähriges Mädchen, das mit mir sprechen wollte, weil sie vorhatte, irgendwann, aber natürlich bald, einen Roman über ihr Leben zu schreiben, fragte mich typischerweise, nachdem sie meinen Rat wochenlang geradezu eingefordert hatte, keine Sekunde über das Wie oder das Warum oder das Was ihres Vorhabens, kein Wort über Literatur, Stil, Handwerk; ihr einziges Anliegen an mich war, ihr am besten jetzt schon mit meinen Beziehungen das Entree in einen Verlag zu verschaffen. Als ich sie fragte, was liest du denn für Romane, antwortete sie keck, ich habe noch keinen einzigen gelesen, und als ich etwas verwundert weiterbohrte, herrschte sie mich an: Ich laß mir doch meinen Stil nicht verderben. Das hat man nun davon, wenn man Tag für Tag, Nacht für Nacht in diesen elend miesen Talkrunden und Gameshows, wo die Lüge fast kultisch verherrlicht wird, wenn man in diesen fiesen Stunden so lange auf Menschen eindrischt, bis sie ihre Durchschnittlichkeit in kurzen Momenten der Öffentlichkeit darstellen und sich den

Voyeuren preisgeben. Aber nach dem kurzen Erleben von Glamour und Glanz werden sie zurückgestoßen in die Niederungen der dadurch erst erkannten Mittelmäßigkeit.

Ich habe mich noch nie dazu hinreißen lassen, mich anzubiedern, durch Sätze wie »Eigentlich sind wir doch alle Künstler« und »Der einfache Arbeiter ist der beste Dichter«, immer mir des Umstandes bewußt bleibend, daß es dann gar nicht so besonders um mich bestellt wäre. Und ich glaube, mit solchen Sätzen will man sich in erster Linie aus der Verantwortlichkeit stehlen, denn verantwortlich ist man dem Genius, nicht, um die Welt besser zu machen (wer erdreistet sich wohl, den Maßstab für eine bessere Welt anzusetzen?); nicht, um die Menschen vor Fehlern zu bewahren (ein Fehler, den ich mir nie verzeihen könnte); nicht, um der Gerechtigkeit willen (denn was verstehen wir Menschen, die wir kaum Einblick haben, geschweige denn Überblick in und über eine Welt, in deren Zusammenhängen von so unerhörtem Ausmaß, daß es uns gerade noch ansteht, denen beizustehen, die, ob zu Recht oder zu Unrecht, gestürzt sind und nach Hilfe oft auch schweigend schreien). – Verantwortung, meine Damen und Herren, kann man nur sich selbst aufbürden, und diese Verantwortung ist auch die vornehmlichste des Künstlers: Nichts als die unbedingte Aufrichtigkeit sich selbst gegenüber, und das ist, wie es aussieht, oft schon zuviel verlangt.

Jetzt sieht es allerdings fast so aus, als würde ich den politischen Tucholsky übersehen wollen, als würde mir die Begründung nichts bedeuten, mit der Sie meine Preiswürdigkeit erklären. Es ehrt mich, wie Sie das sehen, es schmeichelt mir auch, und ganz im Stillen, manches Mal, wenn mich ganz sicher niemand beobachtet, lasse ich mir meinen Mut auf der Zunge zergehen wie ein Brausebonbon – nur allzu lange vorhalten wird diese heimliche Freude nicht. Mut läßt sich nicht an bestimmter Thematik ablesen, vor allem nicht in zeitlich und räumlich verschiedener Umgebung.

Wer weiß, wie feige ich damals gewesen wäre, was hätte ich mich in der DDR getraut, wenn Leib und Leben bedroht gewesen wäre? Wie mutig bin ich, wenn gar Folter dräut. Und vor allem: dieses Nicht-mehr-gehört-Werden, wenn sich Schreckensvisionen so gar nicht durchgeistigt dem eigenen Traum entgegenstellen und sich Schlächter zu Visionären hochstylen ... wer wagt es, jemandem Verrat anzukreiden, dem die hohe Stirn klein getreten wird?

Meine Anleitung für den couragierten Mitbürger sieht nur vor, sich nicht schon in die Hose zu machen, bevor ein konkreter Anlaß zur Feigheit gegeben ist, und das sollten sich die Kleinmütigen – so sie mutigen Willens sind – ruhig mal einverleiben. Oft versäumt man ja nur diesen einzigen wichtigen Moment, der sich immer ausmachen läßt zwischen Drohgebärde und Prankenhieb, und meist ist dieser Hieb nicht die Folge von Widerspruch, sondern die Antwort auf das Fehlen jeglichen Widerstands.

Da sind schon immer wieder mal mutige Augenblicke und Gedankenschübe, die mich zumeist, kaum getan oder ausgesprochen, selbst verwundern – und deren Folgen es dann zu tragen gilt; aber immer sind sie aus der Unbedachtheit geboren, selten sind sie Resultate klaren Kalküls. Oft hatte ich mehr Mut aufzubringen, um im richtigen Moment zu schweigen, als, wie von mir erwartet, zu brüllen, hatte mehr Mut aufzubringen, zuzustimmen statt zu widersprechen; im tiefen Innern ist jedes menschliche Wesen zur Anpassung geprägt und nicht zu Heldentum.

Und deshalb können wir nie auf die Heldinnen und Helden

verzichten. Der Held, im griechischen Theater nicht in einer Vorstellung, sondern in einem Weihespiel für ein paar Stunden in das Menschliche entlassen, kein Schauspieler, sondern fleischgewordene Allegorie, so daß man dieses Mysterium nicht betrachten sollte, sondern miterleben mußte; nicht einfach so zwischen Abendessen und Barbesuch, sondern Mahnung und Erbauung und immer dem Einzelnen in der Arena auf die Stirn gebrannt.

Heute sind die Helden mehr auf den Feldern der Ehre zu finden, bezeichnenderweise meist tot und Held dank einer Sekunde Tollkühnheit. Was für ein klägliches Vorbild! Schon die falsche Fahne entscheidet zwischen Held und Verräter. Doch im Inneren aller Menschen, und das verblüfft mich immer wieder, wohnt eine genaue Vorstellung, daß das Leben ein aufgetragenes sein müsse, etwas Festgeschriebenes, das allein zu finden und zu bestehen schon genug freien Willen erfordert. Und das man allem Spott und allen Ablenkungsversuchen zum Trotz unbeirrbar über sich ergehen und in sich ergießen lasen muß. Das ist nämlich, meine Damen und Herren, die Aufgabe des Helden: unbeugsam zu sein im Befolgen einer letztlich unbekannten Weisung.

Und jetzt frage ich Sie, was macht den Leuten so ein gutes Gefühl, wenn sie von Tucholsky reden, obwohl sie ihn so wenig gelesen haben? Man liebt ihn gerade für das, womit er am meisten zu kämpfen hatte, und ich behaupte, die gleichen Feinde, die ihm damals das Leben schwer zu machen versuchten, würden ihn heute frei von politischer Couleur ihren Kurt nennen. Tucholsky war ein Held, gerade weil er keinen geraden Weg ging, gerade weil auch Sie ihn heute nicht für sich vereinnahmen dürfen. Es ist schon komisch: Immer ist im Nachhinein derjenige aufrecht gewesen, der zu seiner Zeit just seiner Nicht-Eindeutigkeit wegen beschimpft wurde, und liederlicher Lebenswandel scheint nur den Zeitgenossen liederlich und wird vom Biographen gar als riskantes Durchleben eines immer suchenden Dichters geadelt. Man kann auch durch die Last, Vergnügen auf sich zu nehmen, zu höchsten Weihen gelangen. Oder wie ein Freund zu sagen pflegt: »Genießen war noch nie ein leichtes Spiel«.

Tucholsky war ein Held und ist uns deshalb menschlich stets näher als jene unbelebten und unleidend unleidigen Schreiber, die sich so gerne einen Helden aus der Feder zaubern würden. Klar, Fausten hat sich, wie Goethe zu Eckermann sagte, fast von selbst geschrieben, doch der Geburtshelfer hat sich auch selbst gelebt. Die Dichter sind ihren Werken viel näher, als es uns die Professoren eingestehen wollen, und hinter jedem aufrichtigen Satz steht ein Kapitel aufrichtigen Lebens.

Lassen Sie mich zu diesem Thema noch etwas erwähnen, was mir persönlich sehr am Herzen liegt, denn wenn jemand schreibt: »Am Schluß hatte ich so ein Training, daß ich mich während der Metzelei (gemeint ist eine seiner zahllosen, schmerzhaften Operationen) mit dem Veterinär über Greta Garbo unterhalten habe. Es war weniger Tapferkeit als Wurstigkeit! Wenn die Knochen herausbullern, tut es im Grund doch weh. So tief kann man nicht betäuben«, dann komme ich nicht umhin – sicherlich, wie das nun so ist, immer des eigenen Schicksals eingedenk, ja sogar vergleichend abwägend, und manchmal schäme ich mich dafür –, also ich komme nicht umhin, mich vor diesem Dichter, der dies alles trug und der doch weiterlachte, der einfach durch sein Dasein uns allen hilft, nicht an der Willkür menschlichen Tuns zu verzweifeln, mich vor diesem Menschen, mit dem ich so gern einmal zusammen Klavier gespielt hätte, zu verneigen. Und zu hoffen, einen Teil seines Erbes in meiner Tonart weitertragen zu dürfen.

TOBE, ZÜRNE, MISCH DICH EIN: SAGE NEIN!

Liedtexte. Ein Anhang

Wecker vollführt ein Kunststück. Den einen Finger erhebt er mahnend, den anderen legt er in die Wunde, trotzdem spielt er beidhändig Klavier.

Daniel Bartetzko

ALLEIN

Da waren doch so viele Tage
Und sie verflogen im Nu
Und jetzt bleibt die quälende Frage
Wozu

Wozu nur dieses Gegockel
Und all die Angeberein
Am Ende fällst du vom Sockel
Allein

Alleine mit deinen Migränen
Trotz Rente und Zugewinn
Es fehlte den Lebensplänen
Der Sinn

Askese und Ekstase
Du warst nie wesentlich
Nur eine Seifenblase
Dein Ich

Das meiste war unverständlich
Trotz Stunden des Lichts
wie alles zerfällst du letztendlich
in Nichts

Warum sich ans Leben krallen
laß aus und laß dich ein
du findest nur im Zerfallen
dein Sein

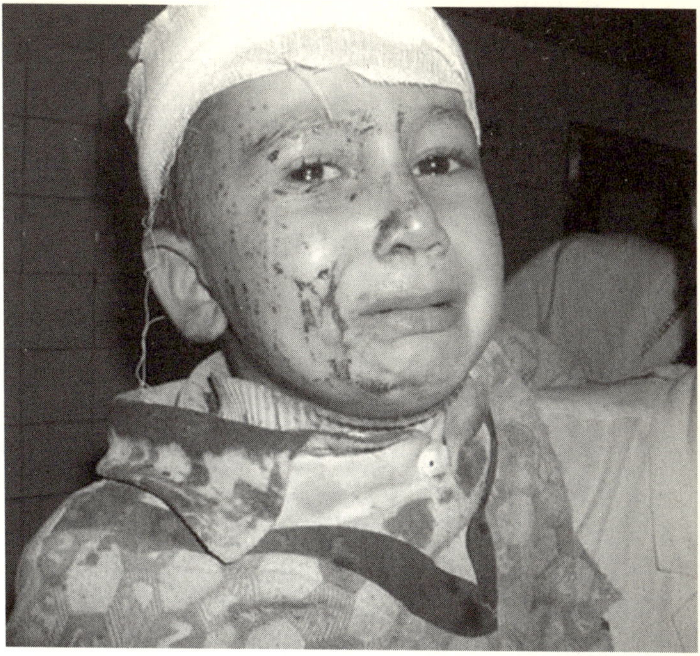

WAFFENHÄNDLER-TANGO

Erst baun wir Waffen, dann verkaufen wir sie weiter,
dann wird ein Krieg geführt, natürlich ein gescheiter,
dann stelln wir uns auf irgendeine Seite,
die andre geht dann selbstverständlich pleite.
Dann finden wir das Ganze ganz gemein
und sammeln unsre Waffen wieder ein.

Dann gilt es, einen Krisenherd zu schaffen,
der braucht dann dringend unsre alten Waffen.
Und währenddessen basteln wir an neuen,
um einen potentiellen Gegner zu erfreuen.
Die muß man dann natürlich ausprobieren,
am lebenden Objekt studieren.
Begleiterscheinungen wie Hunger, Tod und Qual
sind zwar ein Schaden, doch nur co- und lateral.

Dann zündet einer wieder irgendwo die Welt an,
dann kommt der Richtige mal wieder an mehr Geld ran,
das macht dann irgend jemandem zu schaffen, –
schon braucht man wieder neue Waffen.
Und während weltweit alle protestieren,
kommen wir kaum mehr nach mit produzieren.
Wir züchten weiter emsig Patrioten
und halten sie als nützliche Idioten.

Dann brauchen wir noch irgendeinen Bösen,
von dem wir dann die freie Welt erlösen,
und finden wir nicht gleich einen Gemeinen,
dann basteln wir uns eben einen.
Es ist doch klar, daß jeder andre schlecht ist,
wenn unsre Sache einzig richtig und gerecht ist.
Drum laßt uns ewig weiter Waffen bauen,
die wir den andern um die Ohren hauen.

Man kann das nennen wie man will,
humanitärer Overkill,
heiliger Krieg, gerechte Sache,
die Fahne hoch, daß ich nicht lache.
Die ganzen Sprüche schenk ich Ihnen, –
beim Krieg geht's immer nur ums Geldverdienen.
Und unsre Freiheit ist, auch dieses Lied beweist es,
nur die des Marktes, nicht mehr die des Geistes.

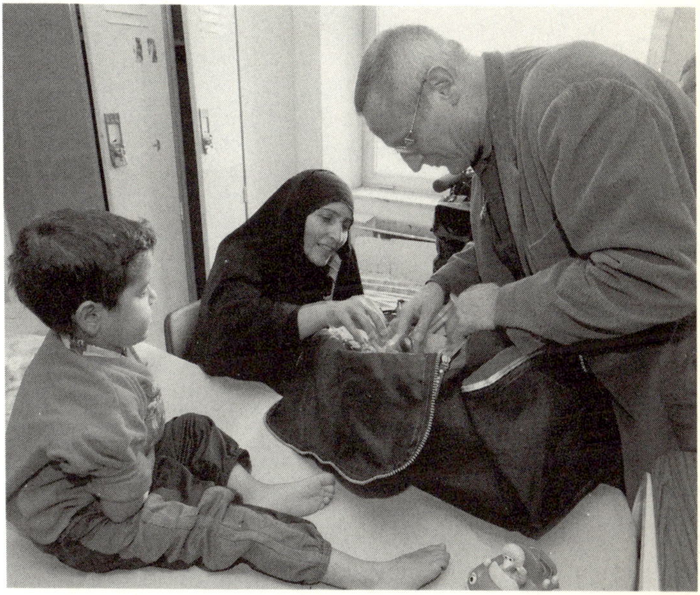

Konstantin Wecker im Kinderkrankenhaus in Bagdad

UND DAS SOLL DANN ALLES GEWESEN SEIN?

Gerodete Dschungel, zerdachte Natur,
bald bleibt den tapfersten Bäumen
nur noch übrig, zerhackt und mit Politur
vom Blühen und Werden zu träumen.

Dann müssen wir unsere verplante Welt
mit eisernen Lungen versorgen.
Wir haben die Erde so schlecht bestellt
und betrügen noch heute das Morgen.

Doch wie wir auch strampeln, wie wir auch plärrn,
wir erreichen nur die Staffagen:
Der Staat dient den stets anonymeren Herrn
aus den obersten Etagen.

Und das soll dann alles gewesen sein –
ein Leben ganz ohne den Wind?
Versorgt und verplant und ohne Idee,
was wir wollen und wer wir sind.

Und das soll dann alles gewesen sein –
probieren, studieren, stolzieren,
um unser Versagen dann irgendwann
etwas besser zu interpretieren?

Die Lämmer halten sich Wölfe zur Zeit,
die reisen in Schafpelzsachen.
Wir belächeln zwar laut ihre Lächerlichkeit,
aber üben schon heimlich ihr Lachen.

Zur Rettung verschreibt man uns Pharmaglück,
als könnt man ums Leid sich drücken.
Und wenn wir dann heillos gerettet sind,
steigt das große Geschäft mit den Krücken.

Doch wie wir auch strampeln, wie wir auch plärrn,
wir erreichen nur die Staffagen:
Der Staat dient den stets anonymeren Herrn
Aus den obersten Etagen.

Und das soll dann alles gewesen sein –
Glück und Tränen verflogen?
Einsilbig alles zu Ende gedacht
und um Ewigkeiten betrogen.

SAGE NEIN!

Wenn sie jetzt ganz unverhohlen
Mit bewährten Kriegsparolen
Scheinheilig zum Höchsten beten
Und das Recht mit Füßen treten
Wenn sie dann in lauten Tönen
Einzig ihrer Machtgier frönen
Denn am kriegerischen Wesen
Muß nun mal die Welt genesen
Dann steh auf und misch dich ein
Sage nein

Meistens rückt dann ein Herr wichtig
Die Geschichte wieder richtig
Und behauptet nur mit Kriegen
Ließe sich die Welt befrieden
Diese fleischgewordne Lüge –
Ach man kennt es zur Genüge
Mach dich stark und misch dich ein
Zeig es diesem dummen Schwein
Sage Nein

Ob als Penner oder Sänger
Bänker oder Müßiggänger
Ob als Priester oder Lehrer
Hausfrau oder Straßenkehrer
Ob du sechs bist oder hundert
Sei nicht nur erschreckt, verwundert
Tobe, zürne, misch dich ein:
Sage Nein

Wenn sie dich jetzt rekrutieren
Hab den Mut zu desertieren
Laß sie stehn, die Generäle
Und verweigre die Befehle
Menschen werden zu Maschinen
In den Militäranstalten
Niemand soll mehr denen dienen
Die die Welt so schlecht verwalten
Nie mehr solln uns jene lenken
Die nicht mit dem Herzen denken
Laß dich nie mehr auf sie ein
Sage Nein

Doch es tut sich was, ihr Freunde
Auf den Straßen, auf den Plätzen
Finden sich die Freunde ein
Sich dem Wahn zu widersetzen
Jetzt muß Schluß sein mit dem Schweigen
Dem Gehorsam, dem Verstecken
Wenn für unser Wohlbefinden
Hunderttausende verrecken
Dann ist's Zeit zu widerstehen
Wenn, dann aufrecht untergehn
Gegen all die Schweinerein:
Sage Nein

VATERLAND

Was ist das nur, ein Vaterland?
In welchen Grenzen wohnt es?
In denen wie vor hundert Jahren?
Wen haßt es, wen verschont es?

Und was verbindet uns mit ihm,
sein Reichtum, seine Siege?
Wie schnell hat man ihm doch verziehn
sie Toten und die Kriege.

Was läßt mich stolz sein auf ein Land,
nur weil es nicht so arm ist
wie andre, wo´s vielleicht dafür
dem Volk im Herzen warm ist.

Und hätte nicht ein Mutterland
– ich weiß das gibt es nicht –
für alle, die ihm anvertraut,
ein lieberes Gesicht?

Was ist das nur, ein Vaterland?
Ist es dein Fleisch und Blut?
Macht es dir, wenn du rebellierst,
zum freien Denken Mut?

Ist es ein Vater, der dich stets
auch über Klippen führt?
Oder ein sturer alter Mann,
der dir den Hals zuschnürt?

Willst du an dieses Vaters Hand
wirklich in schweren Zeiten
voll Zuversicht zu diesem Band
durch Höhn und Tiefen schreiten?

Liebt dich denn dieser Vater auch?
Wie wirst du ihn beerben?
Läßt er dich ohne Eifersucht
wirklich erwachsen werden?

Vom Untertan zum Bürger werden?

Genügt es denn, nur Kind zu sein,
daß man sich erst beschwert,
wenn einen dieser Vater Staat
nicht wie gewohnt ernährt?

Und müßten wir nicht endlich auch
den Vater uns erziehen?
Ihn fordern mit Ideen, mit
Visionen, Utopien?

Was soll das noch, ein Vaterland,
in den vernetzten Zeiten?
Wollen wir denn wirklich immer noch
um Blut und Rasse streiten?

Nicht spreche ich von Heimat,
ihren Kindheitszauberorten,
den Klängen, den Gerüchen,
all den wohlvertrauten Worten.

Und Heimat ist doch überall,
wo man sich damit segnet
daß man, für Augenblicke nur,
sich endlich selbst begegnet.

Nur dieses arg mißbrauchte Wort
läßt sich für mich nicht fassen.
Ich kann den Ausdruck Vaterland
nicht lieben und nicht hassen.

Und glaubt mir Freunde, mir genügt
mein Vater zur Genüge.
Ein ganzes Land als Vater war
schon immer eine Lüge.

ENTZÜNDET VOM WELTENBRAND
ins Ich gepflanzt
ewig in Rhythmen gebannt
aus Klängen gestanzt

tauchst in die Fluten du ein
bis alles erlischt.
Würdest gern Brandung sein
Endest als Gischt.

Dem Ganzen entzweit, doch ganz
auf dich gestellt
bleibt nur dein brüchiger Tanz
auf den Wogen der Welt.

Und dieser Taumel, der Trott
der so verzehrt
nur weil sich irgendein Gott
durch dich erfährt?

Trotzdem: was hält dich im Spiel
welcher Verdacht
leiht dir noch Licht und Ziel
in deiner Nacht?

Welches geheime Wort
äonenfern
schwingt sich im Geiste fort
durch Stunde und Stern?

Weshalb auch mancher Moment
liebeverwebt
der dir auf einmal bekennt
warum es dich lebt?

Und so lugst du am Bug
fährst nie im Hafen ein
als wäre es Gnade genug
Segel im Winde zu sein

Konstantin Wecker

Liedermacher, Komponist, Schauspieler, Schriftsteller, Lyriker. Wurde am 1. Juni 1947 in München als einziger Sohn von Alexander und Dorothea Wecker geboren. Ab 1953 Klavierunterricht, später auch Geige und Gitarre. 1955-60 Knabensopran im Kinderchor, ab 1959 erste Ausreißversuche von daheim – »Ideal vom Leben als freier Dichter«. 1968 erste Soloauftritte in der Kleinkunstszene. 1969 Abitur, Studium der Philosophie und Psychologie in München. 1973 erste LP »Die sadopoetischen Gesänge des Konstantin Amadeus Wecker«, erste Auftritte bei der Münchner Lach- und Schießgesellschaft. November 1995 Verhaftung wegen Kokainbesitzes, Mitte Dezember 1995 Aufhebung der U-Haft, 2000 Verurteilung zu einem Jahr und acht Monaten Freiheitsstrafe auf Bewährung.
Preise u. a.: Deutscher Kleinkunstpreis 1977, Deutscher Schallplattenpreis 1978, Kurt-Tucholsky-Preis 1995.
LPs/CDs u. a. »Genug ist nicht genug«, »Das macht mir Mut«, »Im Namen des Wahnsinns«, »Jetzt eine Insel finden«, »Stilles Glück, trautes Heim«, »Zeitlos«, »Vaterland«; Bücher u. a. »Man muß den Flüssen trauen« (Unordentliche Elegien), »Uferlos« (Roman), »Sage nein!« (Politische Lieder), »Schmerzvoll lebendig« (Gedichte), »Politisch nicht correkt« (Texte und Fotos; hrsg. von Günter Bauch); Filmmusiken u. a. zu »Schwestern oder Die Balance des Glücks« (von Margarethe von Trotta), »Die Weiße Rose« (von Michael Verhoeven), »Peppermint Frieden« (von Marianne Rosenbaum), »Schtonk« und »Kir Royal« (beides von Helmut Dietl).
Wecker ist seit 1996 verheiratet und hat zwei Söhne, Valentin Balthasar (geb. 1997) und Tamino Gabriel (geb. 1999).

Hans-Dieter Schütt

Publizist und Journalist, lebt in Berlin. Wurde 1948 im thüringischen Ohrdruf geboren. Abitur, Studium der Theaterwissenschaften in Leipzig. Seit 1973 Redakteur der Tageszeitung »Junge Welt«, Organ des Zentralrats der FDJ, von August 1984 bis November 1989 Chefredakteur. Seit 1992 Redakteur der Tageszeitung »Neues Deutschland«.
Zahlreiche Buchveröffentlichungen, vor allem Interviews, mit Alfred Hrdlicka, Frank Castorf, Gerhard Gundermann, Regine Hildebrandt. Im Verlag Das Neue Berlin: »Kurt Böwe – Der lange kurze Atem«, »Der Unfugladen« (mit Kurt Böwe), »Klaus Löwitsch – Asche auf der Seele«, »Inge Keller – Alles aufs Spiel gesetzt«, »Mein Abenteuer bin ich – Prominente im Gespräch«; im Verlag edition ost: »Günter Gaus – Was bleibt, sind Fragen. Die klassischen Interviews« (Herausgeber), im Eulenspiegel Verlag: »Uwe Steimle – Mich fragt je eener« und »Da reist was ein! – Der Kanzler im Osten«.

Liebe Leser, liebe Leserinnen,

die in diesem Buch gesammelten Texte waren ursprünglich nicht zur Veröffentlichung in Buchform bestimmt. Es sind, was mein Tagebuch betrifft, in hohem Maße Momentaufnahmen, oft entstanden aus einem Netz-Dialog mit meinem Publikum. Mitunter reagierte ich auf Eintragungen im Gästebuch meiner Website oder auf e-mails, in denen ich gebeten wurde, zur wechselnden politischen Lage Stellung zu beziehen. Aber immer ist ein Tagebuch ein Zwischending - man schreibt sehr privat, also gleichsam unkontrolliert, und zugleich bleibt man ein öffentlicher Mensch, der sich im Hinblick auf diese Öffentlichkeit natürlich (natürlich?) kontrolliert.

Ausgewählt habe ich Tagebucheintragungen, die zurückgehen bis ins Vorfeld des 11. September 2001. Ein Tag, der die Welt in ihrem wahren Zustand kenntlich machte und sie inzwischen so einschneidend veränderte, wie es die Falken aus Weißem Haus und Pentagon unmittelbar nach dem Anschlag aufs World Trade Center prophezeiten. Diese Anschläge haben eine neue politische Blindwütigkeit in die Welt gesetzt, aber viele Menschen auch, und das ist die wichtige Gegenkraft, in ein neues Nachdenken über Gründe des Terrorismus und die möglichen Wege aus dem Nicht-Heilwerdenkönnen der Welt gebracht, ja gestürzt. Schon einige Wochen nach jenem 11. September begann meine »Vaterland«-Tournee, und ich wollte und konnte kein unpolitisches Programm machen. Also erzählte ich jeden Abend meinem Freund »Willy« vom fortschreitenden Wahnsinn, der sich »Recht« und »Macht« nennt und von all dem, was mir und, wie ich glaube, meinem Publikum auf der Seele brannte. Vieles von dem, was damals auf Konzerten spontan entstand, floß dann auch ein in meine Tagebucheintragungen, und oft wurde ich gebeten, Texte zum Nachlesen auf meine Webseite zu stellen.

Da ich kein Wissenschaftler bin und kein Journalist, ging ich mit Quellenangaben, ja, sagen wir ruhig: unprofessionell um, und in vielen Fällen weiß ich gar nicht mehr, woher ein Zitat stammte, das meinen jeweiligen Gefühlsstand ausdrückte oder mit Fakten und Argumenten belegte. Es geht mir eh nicht um die Hervorkehrung und Ausstellung der eigenen Urheberschaft, sondern um die Idee, die weiterzugeben ist.

Auch ist es mir unmöglich, etwa im Sinne eines guten Journalismus objektiv, ausgewogen zu sein. Nach über vierzig Jahren »Selbstbegegnung im Gedicht« werde ich das nicht mehr lernen, will es auch nicht: Ich folge dem, was in mir ausschwingt, sei es vor Freude oder Zorn.

Es gibt hervorragende Bücher von Politologen, Soziologen, Historikern und Psychologen, die mir besonders in den letzten Monaten wertvolle Begleier durch die Härte der Zeit wurden. Viele davon sind auf unserer Webseite »www.hinter-den-schlagzeilen.de« aufgelistet (die zur Nutzung ebenso einlädt, wie ich auch weiterhin interessiert bin an Anregung, Meinung, Kritik und Gespräch unter »www.wecker.de«). Besonderen Dank schulde ich den Werken von Eugen Drewermann, der mir mit seinem brillanten Verstand - nie getrennt vom Mitgefühl! - und seinem radikalen Bekenntnis zum Pazifismus viel Mut gemacht hat.

Auch gibt es hervorragende Journalisten, die mich beeinflußt haben, denen ich aber mit so einem Buch, meinem ersten fast rein publizistischen, nicht Konkurrenz machen will oder gar kann. Einer davon ist der Herausgeber dieses Buches, Hans-Dieter Schütt, den ich nach meiner Irak-Reise bei einem

Interview für »Neues Deutschland« kennenlernte. Wir verstanden uns auf Anhieb. Seine besondere Art zu fragen und sein Geschick, meinen Wortschwall zu kanalisieren, haben mich so überzeugt, daß ich ihn bat, mir bei der Durchsicht meiner Widerreden und Fürsprachen zu helfen. Er hat mich bestärkt, diese Texte zu veröffentlichen, auch, um sie jenen zugänglich zu machen, die einen Zugang zum Internet haben oder sich dem Medium (aus verständlichen Gründen) verweigern.

Vornehmlich gilt mein Dank also Hans-Dieter Schütt. Ich sage aus ehrlichem Herzen: Ich habe viel von ihm lernen können. Danken möchte ich auch: meiner Literaturagentin Erika Stegmann, der treuen und kritischen Begleiterin all meiner Texte; Alexander Kinsky, dem unermüdlichen Archivar, der es als einziger geschafft hat, das Chaos meiner Skizzen, Noten und »herumstreunenden« Entwürfe zu ordnen; Waltraud Prothmann für die kritische Durchsicht bestimmter Äußerungen; meinen Freunden und Tour-Begleitern Manfred Berkard und Günter Bauch für die lebendigen Diskussionen vor und nach Konzerten; meinen Freunden Hedda, Reinhard, Christoph und Thesi für das nicht nachlassende, liebevolle Interesse an meiner Arbeit; meiner nie verzagenden und stets engagierten Mutter; meinen unersetzbaren Mitarbeitern Petra und Michael; Günter Wimmer vom Münchner Friedensbündnis für die ermutigende Unterstützung; Michael Backmund, dem kämpferischen Journalisten; Henning Zierrock von »Kultur des Friedens« und allen Mitgliedern und Freunden unserer Delegation in den Irak; Alexander Christoph und Andrea Hilger von APN sowie den vielen Friedensaktivisten, die ich in den letzten Monaten kennenlernen durfte.

Vor allem aber danke ich meiner Frau Annik, die mir durch ihre Geduld und ihre bereitwillige Suche nach nach Fakten und Informationen die wertvollste Begleiterin durch die Wirren des Zeitgeschehens war.

Und auch meinen Kindern Valentin und Tamino möchte ich dafür danken, daß sie ihren Papa noch immer lieb haben, obwohl er sie in den letzten Monaten so oft allein ließ. Und ich sage das, obwohl ich einigen jetzt wieder zu gefühlig und privat bin!

Konstantin Wecker
München, im April 2003

KW im ARD-Studio auf dem Dach des Pressezentrums in Bagdad

Konstantin Wecker im Internet
www.wecker.de
www.hinter-den-schlagzeilen.info

Inhaltsverzeichnis

MANCHEN GELINGT ES
Sich so zu entfalten
Daß sie sich immer
die Unschuld erhalten.
Die warten im Schatten
um besser zu sehen
können ohne Applaus
der Angst widerstehen.
Die schreiben nie Lieder.
Die sind Melodie.
So aufrecht zu gehen
Lerne ich nie.

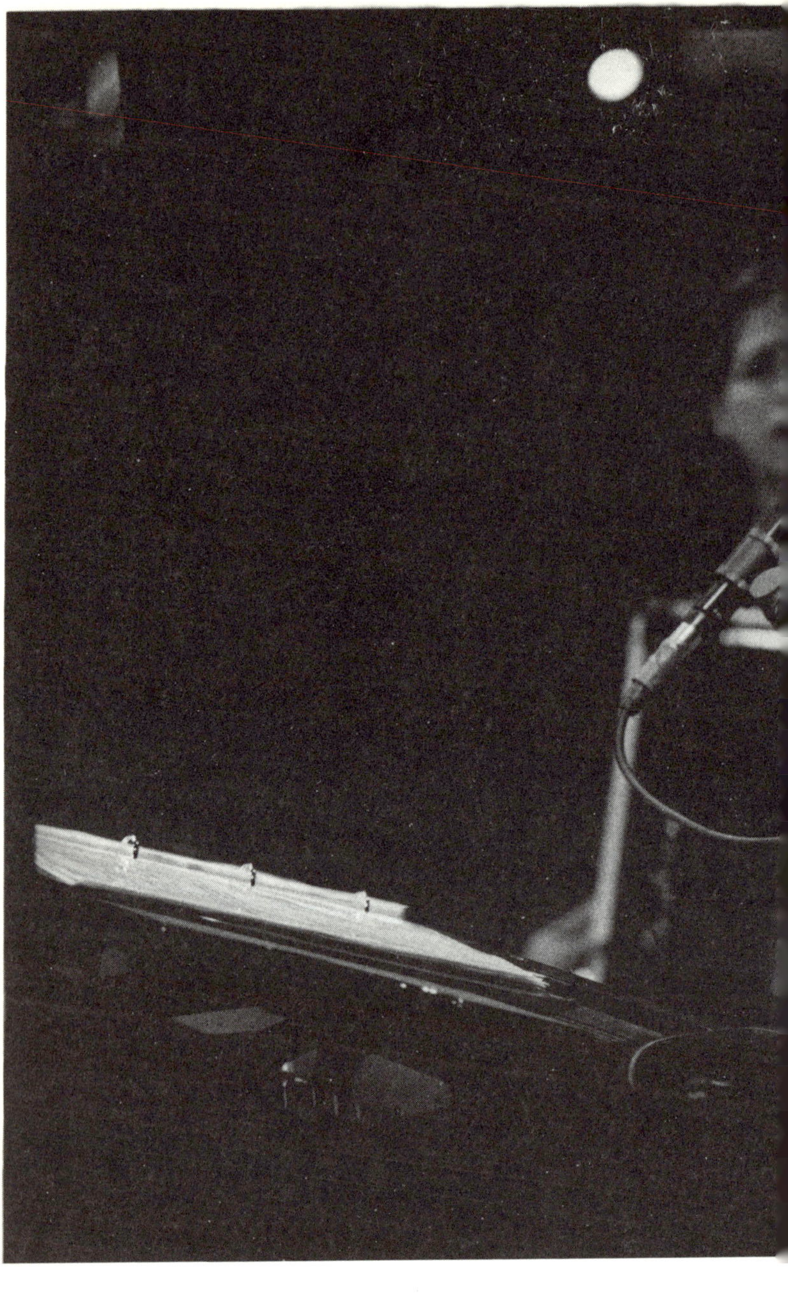